拳击燃脂

难度：★★☆☆☆
时长：35 分钟左右

用拳击手的训练方法来燃脂，听起来很酷，做起来很有效！

每个拳击动作的发力，都要蹬地、扭腰、送肩，所以拳击是一项全身性的运

拳击燃脂训练计划表

1. 你可以按照以下顺序进行训练，每组间歇 1 分钟。刚开始训练时，你可以根据自己的运动能力减少运动量和增加休息时间，然后逐步增加运动量和减少休息时间。

2. 你也可以扫描右侧的二维码跟着视频里的想趣女子健身工作室的高雅和吴迪教练练习。

跟练视频

3. 训练一段时间后，你可以从《健身拳击训练指南》中挑选自己喜欢的练习方法来制订属于你自己的个性化训练计划表。

训练方式	训练内容	训练强度
空击热身	左刺拳	1 分钟 ×1 个回合
	右直拳	1 分钟 ×1 个回合
空击训练	1-2 组合拳	1 分钟 ×1 个回合
跳绳	基础双脚跳绳	1 分钟 ×1 个回合
	拳击手跳绳	1 分钟 ×1 个回合
沙袋训练	围绕沙袋移动并出 1-2 组合拳	1 分钟 ×2 个回合
	围绕沙袋移动并出 1-2-3 组合拳	1 分钟 ×2 个回合
	围绕沙袋移动并出 1-2-3-4 组合拳	1 分钟 ×2 个回合
	如果你没有沙袋或替代物，那么这部分的训练可以用不同组合拳（如 1-2-3 组合拳、1-2-3-4 组合拳等）的空击训练来代替。	
手靶训练	原地出直拳	1 分钟 ×1 个回合
	移动中出拳	1 分钟 ×1 个回合
	如果你没有手靶而有沙袋，那么可以将这部分的训练改为沙袋训练；如果你既没有沙袋也没有手靶，那么这部分的训练可以用不同组合拳（如 1-2-3 组合拳、1-2-3-4 组合拳等）的空击训练来代替。	
空击放松	以 50%~60% 的强度打出 1-2 组合拳	2 分钟 ×1 个回合
力量训练	药球卷腹	重复 10~15 次，练习 1 组
	头上拉起药球	重复 10~15 次，练习 1 组
拉伸	上背部和肩部拉伸	15 秒
	跪姿前臂拉伸	15 秒
	跪姿髋屈肌拉伸	15 秒
	站姿股四头肌拉伸	15 秒
	站姿腓肠肌、跟腱拉伸	15 秒

适用人群

- 健身爱好者
- "坐"班族
- 拳击初学者

注意事项

- 医嘱建议不适合剧烈运动的人群，如孕妇、患有肺部疾病的人群等。
- 训练中如有气喘、肌肉酸痛的情况，可放慢训练的节奏，延长休息的时间。
- 对于心肺能力较弱的人群，在开始训练时可以适当减少运动量，如计划中要求每组训练 1 分钟，可以减至 30 秒，等身体适应后再增加运动量。

所需器械

- 跳绳（如无跳绳，可以跳空绳）
- 药球（如无药球，可以使用哑铃、壶铃或者装满水的矿泉水瓶等相当重量的物体来代替，也可以徒手练习）
- 沙袋及沙袋手套（如无沙袋，可以将荞麦枕头绑在树上练；沙袋训练也可以用空击训练来代替）
- 手靶（如无搭档及手靶，手靶训练可以替换成沙袋训练或空击训练）
- 瑜伽垫（如无瑜伽垫可以直接在地面上做）

练习频次

每次练习需 35 分钟左右，每周 3 次，坚持 12 周。

练习准备

在系统训练之前，你可以先单独学习下面的拳击技术及拳击手的练习方法，也可以跟随 P05 的跟练视频一起练习。

- 实战姿势
- 左刺拳技术
- 右直拳技术
- 左平钩拳技术
- 右平钩拳技术
- 左上钩拳技术
- 右上钩拳技术
- 组合拳法
- 移动
- 基础双脚跳绳
- 拳击手跳绳
- 力量训练：药球卷腹—头上拉起药球
- 拉伸：上背部和肩部拉伸—跪姿前臂拉伸—跪姿髋屈肌拉伸—站姿股四头肌拉伸—站姿腓肠肌、跟腱拉伸

拳力释放：
健身拳击入门教学

动作要领：

　　如果你的惯用手是右手就采用"经典"或"传统"的实战姿势，即左肩和左脚在身体的前方。如果你的惯用手是左手，那么右肩和右脚在身体的前方。

索引：

　　更多关于实战姿势的内容请参阅《健身拳击训练指南》P13~P16 页，讲解视频请扫描下面的二维码观看。

实战姿势

左刺拳技术

动作要领：

从传统实战姿势开始，先让左手手掌心面向自己，放松地握拳。出拳时，左臂沿直线迅速击打目标。随着手臂的前伸，拳头逐渐旋转，在拳头到达击打位置时，拳心朝向正下方。

索引：

更多关于左刺拳技术的内容请参阅《健身拳击训练指南》P16~P18 页，讲解视频请扫描下面的二维码观看。

左刺拳技术

右直拳技术

动作要领：

从防守姿势开始做出拳动作，后肩向前转动的同时，右手从下巴的位置向前打出。拳头沿直线向前方的目标移动，在最后 1/3 的击打过程中旋转拳头，拳心在击打时朝下。

索引：

更多关于右直拳技术的内容请参阅《健身拳击训练指南》P18~P19 页，讲解视频请扫描下面的二维码观看。

右直拳技术

左平钩拳技术

动作要领：

双手处于防守姿势，核心肌肉收紧，膝关节微微弯曲，重心放在双脚上。出拳时，左肘抬离胸腔，手臂与地面平行。肘关节在整个动作过程中保持 90°。

索引：

更多关于左平钩拳技术的内容请参阅《健身拳击训练指南》P20~P21 页，讲解视频请扫描下面的二维码观看。

左平钩拳技术

右平钩拳技术

动作要领：

双手处于防守姿势，核心肌肉收紧，膝关节微微弯曲，重心放在双脚上。出拳时，右肘抬离胸腔，手臂与地面平行。肘关节在整个动作过程中保持 90°。

索引：

更多关于右平钩拳技术的内容请参阅《健身拳击训练指南》P21 页，讲解视频请扫描下面的二维码观看。

右平钩拳技术

左上钩拳技术

动作要领:

　　在传统实战姿势中打出左上钩拳时，后腿膝关节微微弯曲，左肩向身体左侧降低，右拳保持原来的高度以保护好下巴和头部。在这个半蹲姿势的基础上，髋关节向前转动，左拳由下向上沿弧线击打目标。肘关节弯曲，左肩随着髋关节的转动而转动。利用膝关节将脚蹬地的力量向上传递。

索引:

　　更多关于左上钩拳技术的内容请阅《健身拳击训练指南》P22~P23页，讲解视频请扫描下面的二维码观看。

左上钩拳技术

右上钩拳技术

动作要领:

　　在传统实战姿势中打出右上钩拳时，后腿膝关节微微弯曲，右肩向身体右侧降低，左拳保持原来的高度以保护好下巴和头部。在这个半蹲姿势的基础上，髋关节向前转动，右拳由下向上沿弧线击打目标。肘关节弯曲，右肩随着髋关节的转动而转动。利用膝关节将脚蹬地的力量向上传递。

索引:

　　更多关于右上钩拳技术的内容请参阅《健身拳击训练指南》P22页，讲解视频请扫描下面的二维码观看。

右上钩拳技术

组合拳法

移动

动作要领：

先打出一记左刺拳，紧接着打出一记右直拳，这是典型的 1-2 组合拳。

索引：

更多关于组合拳法的内容请参阅《健身拳击训练指南》P23~P25 页，讲解视频请扫描下面的二维码观看。

动作要领：

流畅且稳定的步法是健身拳击训练的一项基本内容。步法是需要设计的，每一步的移动都有其目的。利用腿和脚来控制距离时，始终要保持放松，控制好自己身体的动作。保持重心稳定，脚掌着地，这样才能保证你顺畅地移动。

索引：

更多关于移动的内容请参阅《健身拳击训练指南》P26~P29 页，讲解视频请扫描下面的二维码观看。

组合拳法

移动

基础双脚跳绳

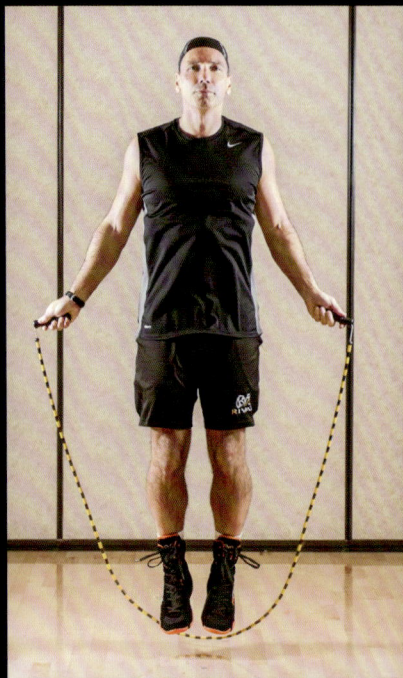

拳击手跳绳

动作要领:

　　双脚开立，与肩同宽，把绳子放在脚后面，肩部和颈部放松，面向前方，双脚发力跳离地面。将绳子向上甩动，使其越过头部，经过身体前方，从脚下穿过。落地时用脚掌着地，膝关节稍微弯曲以吸收着地时的冲击力。

索引:

　　更多关于基础双脚跳绳的内容请参阅《健身拳击训练指南》P98~P99 页，演示视频请扫描下面的二维码观看。

动作要领:

　　拳击手跳绳是每跳 1 次，重心就从一只脚略微转移到另一只脚上的跳绳方法。

索引:

　　更多关于拳击手跳绳的内容请参阅《健身拳击训练指南》P99~P100 页，演示视频请扫描下面的二维码观看。

基础双脚跳绳

拳击手跳绳

药球卷腹

动作要领：

　　双手握紧药球，贴近胸部。双脚保持在地面上，眼睛向上看。上身、头部和肩胛骨整体抬起，暂停，然后慢慢回到地面上。

索引：

　　更多关于药球卷腹的内容请参阅《健身拳击训练指南》P131 页，演示视频请扫描下面的二维码观看。

头上拉起药球

动作要领：

　　平躺在地面上，双臂举过头顶，膝关节弯曲，双脚放在地面上，双手握紧球。坐起时双臂向前伸直，再慢慢地躺回到地面上，头、肩膀和球同时降低。

索引：

　　更多关于头上拉起药球的内容请参阅《健身拳击训练指南》P131~P132 页，演示视频请扫描下面的二维码观看。

上背部和肩部拉伸

动作要领：

右臂伸展，横跨过胸部以拉伸上背部。肩膀保持放松，左手握住右肘部。深呼吸，呼气时轻轻地将手臂向身体方向按压，保持 30 秒，然后放松。

索引：

更多关于上背部和肩部拉伸的内容请参阅《健身拳击训练指南》P146 页，演示视频请扫描下面的二维码观看。

上背部和肩部拉伸

跪姿前臂拉伸

动作要领：

跪姿，双臂伸直撑地，手掌压向地面，手指分开。右手向后旋转，保持手指张开，手掌压向地面，手臂在肩关节处沿一个方向慢慢旋转约 10 秒，然后改变方向。正常呼吸。放松，左臂重复上述动作。

索引：

更多关于跪姿前臂拉伸的内容请参阅《健身拳击训练指南》P149~P150 页，演示视频请扫描下面的二维码观看。

跪姿前臂拉伸

跪姿髋屈肌拉伸

动作要领：

　　将左膝放在地面上，右脚放在前面的地面上，右脚在右腿膝关节的正下方，髋关节弯曲 90°。头朝前，保持正面中立位，双手放在髋部，背部挺直。吸气，呼气时向前轻压髋关节，动作保持 30 秒。放松后换另一边重复上述动作。

索引：

　　更多关于跪姿髋屈肌拉伸的内容请参阅《健身拳击训练指南》P152~P153页，演示视频请扫描下面的二维码观看。

跪姿髋屈肌拉伸

站姿腓肠肌、跟腱拉伸

动作要领：

　　左腿在前，右腿在后站立。吸气，左腿向前弯曲；呼气，保持右腿伸直，脚后跟着地。在这个动作中，右小腿中部的肌肉会有紧张感。要拉伸小腿下部，可以微微弯曲左膝，将身体重心移回脚跟，这样就能够拉伸腓肠肌下部和右腿的跟腱部位。

索引：

　　更多关于站姿腓肠肌、跟腱拉伸的内容请参阅《健身拳击训练指南》P155页，演示视频请扫描下面的二维码观看。

站姿腓肠肌、跟腱拉伸

15

拳击燃脂12周训练日志

第一周 ❙ 初始体重：　　　　　　训练后体重：

训练	已完成	未完成及原因
第一次训练		
第二次训练		
第三次训练		

第二周 ❙ 初始体重：　　　　　　训练后体重：

训练	已完成	未完成及原因
第一次训练		
第二次训练		
第三次训练		

第三周 ❙ 初始体重：　　　　　　训练后体重：

训练	已完成	未完成及原因
第一次训练		
第二次训练		
第三次训练		

第四周 ❙ 初始体重：　　　　　　训练后体重：

训练	已完成	未完成及原因
第一次训练		
第二次训练		
第三次训练		

第五周 ❙ 初始体重：　　　　　　训练后体重：

训练	已完成	未完成及原因
第一次训练		
第二次训练		
第三次训练		

第六周 ❙ 初始体重：　　　　　　训练后体重：

训练	已完成	未完成及原因
第一次训练		
第二次训练		
第三次训练		

第七周 | 初始体重：　　　　　　　训练后体重：

训练	已完成	未完成及原因
第一次训练		
第二次训练		
第三次训练		

第八周 | 初始体重：　　　　　　　训练后体重：

训练	已完成	未完成及原因
第一次训练		
第二次训练		
第三次训练		

第九周 | 初始体重：　　　　　　　训练后体重：

训练	已完成	未完成及原因
第一次训练		
第二次训练		
第三次训练		

第十周 | 初始体重：　　　　　　　训练后体重：

训练	已完成	未完成及原因
第一次训练		
第二次训练		
第三次训练		

第十一周 | 初始体重：　　　　　　　训练后体重：

训练	已完成	未完成及原因
第一次训练		
第二次训练		
第三次训练		

第十二周 | 初始体重：　　　　　　　训练后体重：

训练	已完成	未完成及原因
第一次训练		
第二次训练		
第三次训练		

马甲线打造

难度：★★☆☆☆
时长：25 分钟左右

拳击不仅减脂的效率高，而且塑形的效率也很高。

诸多明星都选择用拳击来塑形，如孙俪、张雨绮、"吉娘娘"吉赛尔·邦辰等。你还在等什么，根据训练计划练起来吧。

马甲线打造训练计划表

跟练视频

1. 可以按照以下顺序进行训练，30 秒的动作，间歇 30 秒；1 分钟的动作，间歇 1 分钟。刚开始训练时，你可以根据自己的运动能力减少运动量和增加休息时间，然后逐步增加运动量和减少休息时间。

2. 你也可以扫描右侧的二维码跟着视频里的想趣女子健身工作室的高雅和吴迪教练练习。

3. 训练一段时间后，你可以从《健身拳击训练指南》中挑选自己喜欢的练习方法来制订属于你自己的个性化训练计划表。

训练方式	训练内容	训练强度
空击热身	左刺拳	30 秒 ×1 个回合
	右直拳	30 秒 ×1 个回合
空击训练	1-2 组合拳	1 分钟 ×1 个回合
跳绳	基础双脚跳绳	30 秒 ×1 个回合
	拳击手跳绳	30 秒 ×1 个回合
沙袋训练	围绕沙袋移动并出 1-2 组合拳	1 分钟 ×1 个回合
	围绕沙袋移动并出 1-2-3 组合拳	1 分钟 ×1 个回合
	围绕沙袋移动并出 1-2-3-4 组合拳	1 分钟 ×1 个回合
	如果你没有沙袋或替代物，那么这部分的训练可以用不同组合拳（如 1-2-3 组合拳、1-2-3-4 组合拳等）的空击训练来代替。	
手靶训练	原地出直拳	1 分钟 ×1 个回合
	移动中出拳	1 分钟 ×1 个回合
	如果你没有手靶而有沙袋，那么可以将这部分的训练改为沙袋训练；如果你既没有沙袋也没有手靶，那么这部分的训练可以用不同组合拳（如 1-2-3 组合拳、1-2-3-4 组合拳等）的空击训练来代替。	
空击放松	以 50%~60% 的强度打出 1-2 组合拳	1 分钟 ×1 个回合
力量训练	药球卷腹	重复 10~15 次，练习 3 组
	坐姿屈膝卷腹	重复 10~15 次，练习 3 组
拉伸	胸部和肩部拉伸	15 秒
	站姿股四头肌拉伸	15 秒

适用人群

- 健身爱好者
- "坐"班族
- 拳击初学者

注意事项

- 医嘱建议不适合剧烈运动的人群，如孕妇、患有肺部疾病的人群等。
- 训练中如有气喘、肌肉酸痛的情况，可放慢训练的节奏，延长休息的时间。
- 对于心肺能力较弱的人群，在开始训练时可以适当减少运动量，如计划中要求每组训练 1 分钟，可以减至 30 秒，等身体适应后再增加运动量。

所需器械

- 跳绳（如无跳绳，可以跳空绳）
- 药球（如无药球，可以使用哑铃、壶铃或者装满水的矿泉水瓶等相当重量的物体来代替，也可以徒手练习）
- 沙袋及沙袋手套（如无沙袋，可以将荞麦枕头绑在树上练；沙袋训练也可以用空击训练来代替）
- 手靶（如无搭档及手靶，手靶训练可以替换成沙袋训练或空击训练）
- 瑜伽垫（如无瑜伽垫可以直接在地面上做）

练习频次

每次练习需 25 分钟左右，每周 3 次，坚持 12 周。

练习准备

在系统训练之前，你可以先单独学习下面的拳击技术及拳击手的练习方法，也可以跟随 P19 的跟练视频一起练习。

- 实战姿势
- 左刺拳技术
- 右直拳技术
- 左平钩拳技术
- 右平钩拳技术
- 左上钩拳技术
- 右上钩拳技术
- 组合拳法
- 移动
- 基础双脚跳绳
- 拳击手跳绳
- 力量训练：药球卷腹—坐姿屈膝卷腹
- 拉伸：胸部和肩部拉伸—站姿股四头肌拉伸

拳力释放：
健身拳击入门教学

动作要领：

　　如果你的惯用手是右手就采用"经典"或"传统"的实战姿势，即左肩和左脚在身体的前方。如果你的惯用手是左手，那么右肩和右脚在身体的前方。

索引：

　　更多关于实战姿势的内容请参阅《健身拳击训练指南》P13~P16 页，讲解视频请扫描下面的二维码观看。

实战姿势

左刺拳技术

动作要领：

从传统实战姿势开始，先让左手手掌心面向自己，放松地握拳。出拳时，左臂沿直线迅速击打目标。随着手臂的前伸，拳头逐渐旋转，在拳头到达击打位置时，拳心朝向正下方。

索引：

更多关于左刺拳技术的内容请参阅《健身拳击训练指南》P16~P18 页，讲解视频请扫描下面的二维码观看。

左刺拳技术

右直拳技术

动作要领：

从防守姿势开始做出拳动作，后肩向前转动的同时，右手从下巴的位置向前打出。拳头沿直线向前方的目标移动，在最后 1/3 的击打过程中旋转拳头，拳心在击打时朝下。

索引：

更多关于右直拳技术的内容请参阅《健身拳击训练指南》P18~P19 页，讲解视频请扫描下面的二维码观看。

右直拳技术

左平钩拳技术

动作要领：

双手处于防守姿势，核心肌肉收紧，膝关节微微弯曲，重心放在双脚上。出拳时，左肘抬离胸腔，手臂与地面平行。肘关节在整个动作过程中保持 90°。

索引：

更多关于左平钩拳技术的内容请参阅《健身拳击训练指南》P20~P21 页，讲解视频请扫描下面的二维码观看。

左平钩拳技术

右平钩拳技术

动作要领：

双手处于防守姿势，核心肌肉收紧，膝关节微微弯曲，重心放在双脚上。出拳时，右肘抬离胸腔，手臂与地面平行。肘关节在整个动作过程中保持 90°。

索引：

更多关于右平钩拳技术的内容请参阅《健身拳击训练指南》P21 页，讲解视频请扫描下面的二维码观看。

右平钩拳技术

左上钩拳技术

动作要领：

在传统实战姿势中打出左上钩拳时，后腿膝关节微微弯曲，左肩向身体左侧降低，右拳保持原来的高度以保护好下巴和头部。在这个半蹲姿势的基础上，髋关节向前转动，左拳由下向上沿弧线击打目标。肘关节弯曲，左肩随着髋关节的转动而转动。利用膝关节将脚蹬地的力量向上传递。

索引：

更多关于左上钩拳技术的内容请参阅《健身拳击训练指南》P22~P23 页，讲解视频请扫描下面的二维码观看。

左上钩拳技术

右上钩拳技术

动作要领：

在传统实战姿势中打出右上钩拳时，后腿膝关节微微弯曲，右肩向身体右侧降低，左拳保持原来的高度以保护好下巴和头部。在这个半蹲姿势的基础上，髋关节向前转动，右拳由下向上沿弧线击打目标。肘关节弯曲，右肩随着髋关节的转动而转动。利用膝关节将脚蹬地的力量向上传递。

索引：

更多关于右上钩拳技术的内容请参阅《健身拳击训练指南》P22 页，讲解视频请扫描下面的二维码观看。

右上钩拳技术

组合拳法

移动

动作要领:

先打出一记左刺拳，紧接着打出一记右直拳，这是典型的 1-2 组合拳。

索引:

更多关于组合拳法的内容请参阅《健身拳击训练指南》P23~P25 页，讲解视频请扫描下面的二维码观看。

动作要领:

流畅且稳定的步法是健身拳击训练的一项基本内容。步法是需要设计的，每一步的移动都有其目的。利用腿和脚来控制距离时，始终要保持放松，控制好自己身体的动作。保持重心稳定，脚掌着地，这样能保证你顺畅地移动。

索引:

更多关于移动的内容请参阅《健身拳击训练指南》P26~P29 页，讲解视频请扫描下面的二维码观看。

组合拳法

移动

基础双脚跳绳

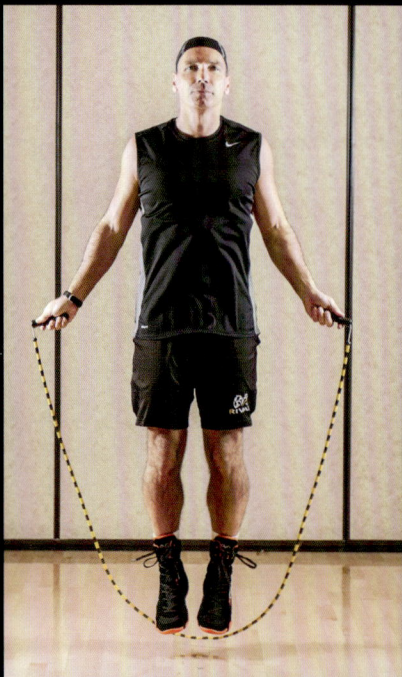

动作要领：

双脚开立，与肩同宽，把绳子放在脚后面，肩部和颈部放松，面向前方，双脚发力跳离地面。将绳子向上甩动，使其越过头部，经过身体前方，从脚下穿过。落地时用脚掌着地，膝关节稍微弯曲以吸收着地时的冲击力。

索引：

更多关于基础双脚跳绳的内容请参阅《健身拳击训练指南》P98~P99 页，演示视频请扫描下面的二维码观看。

基础双脚跳绳

拳击手跳绳

动作要领：

拳击手跳绳是每跳 1 次，重心就从一只脚略微转移到另一只脚上的跳绳方法。

索引：

更多关于拳击手跳绳的内容请参阅《健身拳击训练指南》P99~P100 页，演示视频请扫描下面的二维码观看。

拳击手跳绳

药球卷腹

坐姿屈膝卷腹

动作要领：

双手握紧药球，贴近胸部。双脚保持在地面上，眼睛向上看。上身、头部和肩胛骨整体抬起，暂停，然后慢慢回到地面上。

索引：

更多关于药球卷腹的内容请参阅《健身拳击训练指南》P131 页，演示视频请扫描下面的二维码观看。

动作要领：

坐在地面上，将药球放在两腿之间。身体保持直立，双臂放在身后的地面上支撑身体。两腿紧紧地夹住球，将膝关节和球拉向胸部，再将膝关节和脚往地面方向放低，重复训练。

索引：

更多关于坐姿屈膝卷腹的内容请参阅《健身拳击训练指南》P132 页，演示视频请扫描右侧二维码观看。

药球卷腹

坐姿屈膝卷腹

胸部和肩部拉伸

动作要领：

    站直，头向前，颈部和肩部放松。手臂向后伸展，十指交叉握在一起。吸气，将肩胛骨拉向身后，手臂微微向上抬起，保持这个动作 30 秒。呼气，慢慢放下手臂。

索引：

    更多关于胸部和肩部拉伸的内容请参阅《健身拳击训练指南》P147页，演示视频请扫描右侧二维码观看。

胸部和肩部拉伸

站姿股四头肌拉伸

动作要领：

    背部和躯干直立，双腿并拢，将左脚向后、向上抬起。用左手抓住左脚踝，吸气，呼气，将脚拉向臀部，保持这个姿势 30 秒。轻轻松开后换右脚重复上述动作。

索引：

    更多关于站姿股四头肌拉伸的内容请参阅《健身拳击训练指南》P153 页，演示视频请扫描下面的二维码观看。

站姿股四头肌拉伸

马甲线打造12周训练日志

第一周

训练	已完成	未完成及原因
第一次训练		
第二次训练		
第三次训练		

第二周

训练	已完成	未完成及原因
第一次训练		
第二次训练		
第三次训练		

第三周

训练	已完成	未完成及原因
第一次训练		
第二次训练		
第三次训练		

第四周

训练	已完成	未完成及原因
第一次训练		
第二次训练		
第三次训练		

第五周

训练	已完成	未完成及原因
第一次训练		
第二次训练		
第三次训练		

第六周

训练	已完成	未完成及原因
第一次训练		
第二次训练		
第三次训练		

第七周

训练	已完成	未完成及原因
第一次训练		
第二次训练		
第三次训练		

第八周

训练	已完成	未完成及原因
第一次训练		
第二次训练		
第三次训练		

第九周

训练	已完成	未完成及原因
第一次训练		
第二次训练		
第三次训练		

第十周

训练	已完成	未完成及原因
第一次训练		
第二次训练		
第三次训练		

第十一周

训练	已完成	未完成及原因
第一次训练		
第二次训练		
第三次训练		

第十二周

训练	已完成	未完成及原因
第一次训练		
第二次训练		
第三次训练		

健身拳击训练的营养建议

什么时候吃

从早晨起床到上午 10 点这个时间段摄入总热量的 30%，在中午（上午 10 点到下午 3 点）摄入总热量的 40%，傍晚（下午 3 点到晚上 8 点）摄入总热量的 30%。

了解自己摄入了多少热量、燃烧了多少脂肪、训练量是多少很重要。运动员从各种食物中摄入适量的热量后就不需要额外补充维生素、矿物质了。如果你在一项需要特定体重的运动（如拳击）中限制热量的摄入，或者因乳糖等不耐受而不吃某些食物，可能会导致摄入的热量不足，这些情况下需要额外补充热量。

训练前的饮食

在训练前 2~3 小时摄入碳水化合物，摄入量为 300~500 卡路里。身体需要这些食物作为能量来源来完成训练。需要注意的是，要摄入适合自己消化系统的食物。

如果训练时间少于 1 小时，你就不需要在训练期间吃东西，只需要多喝水来确保身体中水分充足就可以了。如果你在训练前不能吃东西，那么可以在训练期间补充干果、能量凝胶或运动饮料。在长时间的训练中，你应每半小时摄入 50~100 卡路里的碳水化合物，以为身体提供足够的能量，获得良好的运动表现。

训练后的饮食

理想情况下，在训练后的 30~60 分钟可摄入一些碳水化合物和蛋白质来补充能量。碳水化合物能补充耗尽的肌糖原，蛋白质能修复受损的肌纤维。能量的补充对于在 6 小时内进行训练或再次投入比赛的运动员来说尤为重要。如果你在下次训练之前有一整天的时间来恢复身体，就不必急于在训练后立刻补充能量。

有些运动饮料、能量凝胶所含的碳水化合物和蛋白质的比例是 4∶1。还有一个简单的选择是巧克力牛奶，它含有碳水化合物和蛋白质。纯素食主义者可以选择豆奶或杏仁奶。

具有趣味性的训练的最大好处在于能够提高你参与训练的主动性，尤其是当你不想训练的时候。

——洛伊德·梅威瑟

我把我用左手打出的拳称作"我的45°"，因为它们是以45°打出来的，这是介于平钩拳和上钩拳的角度。从这个独特的角度上打出来的拳效果非常显著。

——"金童"奥斯卡·德·拉·霍亚

健身拳击训练是一种高级的交叉训练，可以有效地锻炼全身。本书提供了全面的传统拳击训练方法，结合了当代体能训练的先进方法，有趣且充满挑战，能够让你学到有用的格斗技术，塑造健美的身材，使整个人都充满活力。

——塞尔吉奥·马丁内兹

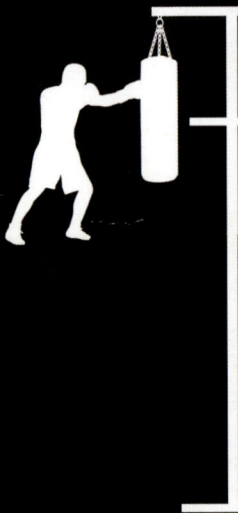

本书将指导你像一名拳击手一样训练
（内附免费视频）

空击训练： 出拳方式、步法
沙袋训练： 肌肉力量和耐力、协调性、灵敏性
手靶训练： 力量、速度、反应能力、出拳的精准性
跳绳训练： 速度、协调性、灵敏性、节奏感、移动
跑步训练： 有氧能力、耐力水平
药球训练： 肌肉塑造
拉伸训练： 肌肉的状态和弹性、关节的运动范围

上架建议：体育/健身

ISBN 978-7-5714-2348-3

9 787571 423483 >

策划编辑：曾凡容
封面设计：志远

定价：125.00元

健身拳击

初级训练方案

（本方案随书附赠）

健身拳击训练指南

〔加〕安迪·杜马斯（Andy Dumas）

〔加〕杰米·杜马斯（Jamie Dumas） ◎著

赵　彧　孙智典　◎译

北京科学技术出版社

First Published in Great Britain in 2014 as Fitness Boxing: The Ultimate Workout by Andy
Dumas and Jamie Dumas by: The Crowood Press Ltd, The Stable Block, Crowood Lane, Ramsbury,
Marlborough, Wiltshire, SN8 2HR

© Andy Dumas and Jamie Dumas, 2014 Simplified Chinese Edition licensed through Flie-
der–Verlag GmbH, Germany

著作权合同登记号　图字：01-2022-2432

图书在版编目（CIP）数据

健身拳击训练指南 /（加）安迪·杜马斯
(Andy Dumas)，（加）杰米·杜马斯 (Jamie Dumas) 著；
赵彧，孙智典译 . — 北京：北京科学技术出版社，
2022.11
　　书名原文 : Fitness Boxing: The Ultimate Workout
　　ISBN 978-7-5714-2348-3

　　Ⅰ . ①健… Ⅱ . ①安… ②杰… ③赵… ④孙… Ⅲ .
①拳击—运动训练—指南 Ⅳ . ① G886.12-62

中国版本图书馆 CIP 数据核字（2022）第 096836 号

策划编辑：曾凡容
责任编辑：曾凡容
责任校对：贾　荣
版式设计：创世禧图文
封面设计：志　远
责任印制：吕　越
出 版 人：曾庆宇
出版发行：北京科学技术出版社
社　　址：北京西直门南大街 16 号
邮政编码：100035
电　　话：0086-10-66135495（总编室）　0086-10-66113227（发行部）
网　　址：www.bkydw.cn
印　　刷：北京宝隆世纪印刷有限公司
开　　本：720 mm × 1000 mm　1/16
字　　数：198 千字
印　　张：12.25
版　　次：2022 年 11 月第 1 版
印　　次：2022 年 11 月第 1 次印刷
ISBN 978-7-5714-2348-3
定　　价：125.00 元

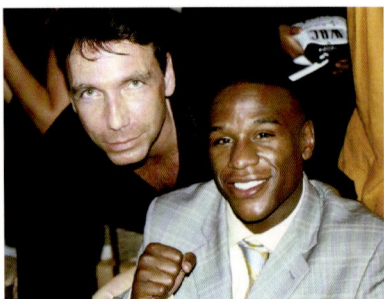

安迪·杜马斯和小弗洛伊德·梅威瑟（Floyd Mayweather Jr.）

安迪·杜马斯和里奇·哈顿（Ricky Hatton）

安迪·杜马斯和乔治·弗尔曼（George Foreman）

安迪·杜马斯和迈克·泰森（Mike Tyson）

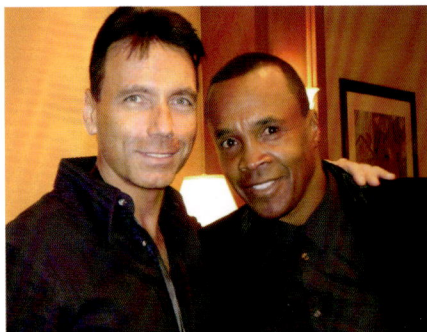

安迪·杜马斯和舒格·雷·伦纳德（Sugar Ray Leonard）

安迪·杜马斯和穆罕默德·阿里（Muhammad Ali）

杰米·杜马斯和小罗伊·琼斯（Roy Jones Jr.）

序

　　我小时候在阿根廷长大，我的家庭成员都十分痴迷拳击。每当有拳击比赛的时候，我的家人、朋友就会聚集在我家里一起观看比赛。我的职业素养和坚定的决心让我在各项体育运动中的表现很不错。我曾经做过足球运动员、职业自行车选手，打过网球并且非常希望能够参加一场正式的比赛。我会对这些运动项目进行深入的思考，并且认真研究我的对手。在 20 岁那年，我正式接触拳击。我的内心深处有一个声音告诉我，我一定会在拳击运动中取得成就。在我去拳馆开始训练的第二天，我就坚信我一定会成为世界冠军！

　　尽管如今许多拳击手的训练方法还是基于传统的训练模式，但是他们在训练中准备得更充分，体能水平更优秀，而且训练的方法和手段也更科学。有一个让人惊讶的现象，即现在的许多拳击世界冠军的年龄都在 35~40 岁。这个年龄段的拳击手还能参加世界上最高水平、难度最大的比赛项目并取得优异成绩，让人觉得非常不可思议。我总是在训练中尽可能保持最佳的精神状态和身体状态。像拳击手一样训练能给身体带来许多好处，坚持一个科学的训练计划能让你拥有苗条、强壮和健美的身体。在我告别拳台之后，我知道使用世界上最好的训练方法——拳击训练可以让我的身材很好地保持下去。

　　健身拳击训练是一种高级的交叉训练，可以有效地锻炼全身。本书结合当代体能训练的先进理念，提供了最全面的传统拳击训练方法。健身拳击训练是一项非常有趣且充满挑战的训练，这种训练不仅不会让你感到无聊，而且能够让你学到有用的格斗技术，塑造健美的身材，使整个人都充满活力。你在完成 12 周的训练之后，虽然还不能去参加一场职业比赛，但是你会觉得自己已经具备了职业运动员的基本水平。

　　点燃你对健身的激情吧。用拳头打造出更健康、更强壮、更苗条的身体，在拳台外获得冠军级别的惊人力量、敏捷性和耐力！

塞尔吉奥·马丁内兹（Sergio Martinez）

塞尔吉奥·马丁内兹是 2010—2014 年的中量级世界冠军，也是世界拳击理事会（WBC）前超次中量级世界冠军，职业生涯的战绩为 51 胜 3 负 2 平。2010 年，塞尔吉奥被美国权威拳击杂志《拳台》（Ring）评为年度最佳拳击手，并一度成为 P4P[①] 世界最佳拳击手前 3 名之一。

---

① P4P 是 Pound-for-pound 的简称。Pound-for-pound 是指排除体重的差别，从技术层面对拳击手进行综合评价，即假设所有的拳击手都在同一个体重级别进行比赛所得出的排名。——译者注

前　言

　　健身拳击风靡健身圈，这有利也有弊。有利的方面在于拳击这项古老的运动有着非常棒的健身效果；弊端在于拳击运动为了让大众都能够参与而进行一定的改变之后，会在一定程度上丧失其本身的系统性和完整性。

　　健身拳击与有氧拳击操之类的有氧运动方式不同。健身拳击训练方法吸取了拳击手训练的精华，取得了意想不到的交叉训练效果。本书为读者介绍的是一名真正的拳击手的训练方法，目的是让读者知道拳击手为了参加比赛而进行的系统训练方法。我们将指导你像一名拳击手一样训练，内容包括间歇训练的方法、完成技术动作和提高身体知觉能力的正确方法、拉伸方法、身体恢复方法和营养建议等。

　　近年来，针对身体功能训练、运动营养、力量训练、身体机能恢复、放松技术等方面的研究不断深入，体能训练方式发生了巨大变化。然而，拳击训练仍然采用的是久经考验的训练原则和训练方法，这些原则和方法在近百年中几乎从未改变。虽然训练装备的研发技术和设计经过了不断的改进，但是拳击训练的核心和根本（比如沙袋训练、梨形速度球训练、药球训练、跳绳以及训练计划的制订等）并没有发生较大改变。原因很简单，那就是这些训练方法的效果非常显著！

　　本书介绍的训练方法会让你通过沙袋训练提高力量，通过手靶训练提高反应能力，通过跳绳提升脚的移动速度、敏捷性，通过药球训练塑造肌肉，通过跑步提高有氧运动水平。同时，为了保持肌肉的弹性和机能水平，每次训练之后你都要进行拉伸，并且按照计划摄取营养。

　　本书介绍的拳击技术、训练方法和训练计划得到了许多曾经和现在依然活跃在拳坛的世界冠军和教练的肯定。他们对这项运动的奉献精神和热情促使他们每天在训练中都非常投入，这也造就了他们的超高水平。

本书介绍的训练计划是经过 20 多年的积累而形成的经验总结。

　　训练计划分为基础训练、运动员训练和冠军训练 3 种强度。逐步开展 3 种强度的训练会逐渐提高你的体能。你刚开始训练时，可以选择有一定挑战性的训练强度，但也要适合你当前的体能水平和生活习惯。你可以将基础训练和当前正在实施的训练计划结合起来，使身体机能逐步提高到更高的水平。通过运动员训练计划和冠军训练计划，你可以在大约 12 周之后就能够获得完美的身材。

　　像拳击手一样训练带来的强身健体的益处，在日常活动中体现得很明显，而且也会让你在其他运动中感受到它带来的好处。不管是初学者还是经验丰富的运动员，都能够从本书中这些具有挑战性的训练计划中获益。坚持执行本书中的训练计划，你将能提高灵敏性、速度、核心力量、平衡能力、耐力，获得健硕的肌肉，改善体脂比例，提高心血管机能乃至身体的整体健康水平。

安迪·杜马斯（Andy Dumas）
杰米·杜马斯（Jamie Dumas）

目 录
CONTENTS

第1章 终极训练

　　健身拳击提取了拳击训练中最佳的训练元素来实现在最短的时间内获得最大的训练效果。这种训练方式趣味性强，训练效率高，训练计划灵活，训练内容包含了拳击训练的各个方面。健身拳击将拳击训练和体能训练完美地融合在一起，当你开始训练时，本书将带你同时走进拳击和健身这两个世界。

　　拳击手在训练营里会不断地挑战自己的极限，这样才能在比赛中发挥出自己所有的潜能。如果拳击手在训练的时候偷懒，那么他们在比赛的时候就不能充分发挥自己所具备的能力。对于热衷于健身的人来说，在拳台上与对手来一场拳拳到肉的实战并不是他们训练计划中的首选。健身拳击正是为这些想要体验专业拳击手的训练，并通过这种训练来达到健身塑形目的的人群而设计的。

　　健身拳击训练的内容经过了多年的探索，并在这个过程中吸取了许多世界优秀的拳击手和教练们的建议。拳击被称为"甜蜜的科学"，把双人进行的实战对练从训练计划中去掉之后就变成了适合没有接触过拳击的人群参与的运动。这也消除了与对手对抗时可能出现各种损伤的风险。

依照拳击训练计划来设计健身计划的原因

　　为什么要基于拳击的训练计划来设计健身计划呢？很简单，因为拳击手是世界上身体各方面条件和素质最优秀的运动员。拳击手需要强大的耐力去和对手缠斗，同时需要进行无氧训练来提高爆发力和速度。一名成就非凡的拳击手需要具备的能力包括极好的协调性、肌肉力量、爆发力、移动速度、敏捷性、有氧耐力和强大的无氧功率输出能力。在最高级别的赛事中，拳击手的体能要充沛，精神要高度集中，训练要动力十足。

高水平运动员的体能特点

塞西莉亚·布莱科豪斯（Cecilia Braekhus）

> 我们的训练非常特别，需要全身心参与。身体必须要非常强大，否则就有大麻烦。在一些健身工作室里，身体机能训练非常受欢迎。我见过很多人为了提高体能水平而进行拳击训练。没有哪项运动能够像拳击一样让全身心都参与进去。
>
> ——塞西莉亚·布莱科豪斯
> 女子次重量级世界冠军

不同运动项目对运动员的技术能力和身体素质的要求不同，总体来说，高水平运动员必须具备 12 种能力。

心血管耐力（呼吸系统耐力）

这是指身体吸入、使用和运输氧气到参与运动的肌肉的能力。

拳击手需要在整场比赛中都保持最佳的竞技状态，每个回合都要这样，不管是第一个回合还是最后一个回合都必须承受相同的比赛强度。

能量供应能力

这是指身体产生、运输、储存和利用能量的能力。

拳击手需要在拳台上频繁地快速移动，利用下肢改变方向和调整位置，控制身体姿势，持续进行攻击，并控制与对手之间的距离。

心血管耐力

能量供应能力

力量

这是指一块肌肉或许多肌肉协调运动所表现出来的能力。

拳击手通过反复击打沙袋的训练来提高出拳的爆发力。上肢、核心区域和下肢肌肉的协调运动能使拳击手打出重拳。

速度

这是指尽可能缩短重复动作所需的时间的能力。

力量

速度

拳击手在比赛中要快速地出拳击打对手，而且每两次出拳之间的时间要尽可能短。

爆发力

这是指一块肌肉或许多肌肉协调运动时在最短的时间里产生最大力量的能力。

速度和力量的结合是拳击手必不可少的基本能力，在手臂、躯干、核心区域、下肢的高效配合和传导下，拳击手的出拳更精准、更有力。

柔韧性

这是指使某个关节达到最大活动幅度的能力，即关节的肌肉、肌腱

爆发力

柔韧性

和韧带等软组织的伸展能力。

拳击手要非常敏捷，借助移动和躲闪来回避对手的进攻。在完成突然的移动或者躲闪的时候，柔韧性很强的肌肉能够降低肌肉和关节被拉伤的风险。

协调性

这是指将多个不同模式的动作组合成一个单独运动的能力。

拳击手在完成组合技术的同时需要做好防守和移动，并且保持步法稳定，控制好整个身体的平衡。

平衡

这是指控制身体重心以使身体始终保持良好基本姿势的能力。

拳击手在场上要不停地移动，因此要具备维持身体核心稳定和平衡的强大能力。他们需要在自己感觉不舒服的条件下完成出拳，同时还要在出拳后迅速恢复到身体平衡状态。

协调性

平衡

敏捷性

这是指快速完成从一个运动模式转换到另一个运动模式的能力。

拳击手通过轻盈的步法移动而使他们流畅地完成动作的变换和连续的出拳。

敏捷性

精准性

精准性

这是指在一个运动方向上或一个运动强度下能够准确调动身体的能力。拳击手通过训练能够精准地打出每一拳或完成精确的连续击打。

专注

这是指注意力集中在当前的战术中，专注于技术，在每个瞬间都能表现出最好的状态。

没有别的运动像拳击这样需要运动员高度专注于当下。优秀的拳击手在正常比赛中要先于对手一步，要在每个回合的每一秒钟都保持高度专注。

专注

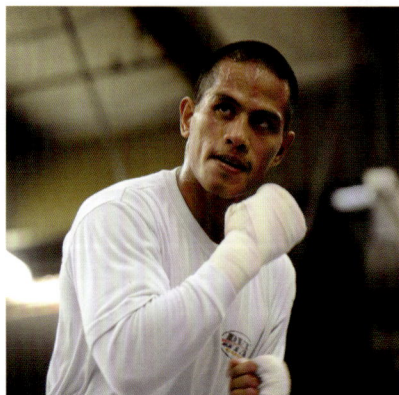

投入

投入

这是指训练的动机要强，精神要完全投入，确保认真地完成训练计划中的每个训练要求。

拳击手想要获胜就要高度投入和专注于训练。伟大的拳击手在训练中会获得强健的身体，他们会为自己感到自豪，因为他们在训练中完美地执行了每个动作。

如果想要拥有像伟大的运动员那样的身体，获得快速的反应能力、敏捷性、平衡能力、力量和协调性，就要像他们一样去训练。健身拳击训练参照世界上最优秀的拳击手的训练方式进行设计，训练方法多样、刺激且具有挑战性，让你永远不会感觉到枯燥。在追求更健康、更积极的生活方式时，遇到的最大挑战就是始终如一地坚持训练。这其中的关键是对训练充满渴望和热情，最终你将从高度投入的训练中获得最大的益处。

适应规律

小弗洛伊德·梅威瑟

> 具有趣味性的训练的最大好处在于能够提高你参与训练的主动性，尤其是当你不想训练的时候。
>
> ——小弗洛伊德·梅威瑟
> P4P 之王

"赛前称重"是指拳击手在比赛之前测量身高、体重、臂展等数据。从健康的角度来看，赛前称重所得出的数据非常重要。每个人都有独特的身体特征，比如快肌纤维或慢肌纤维的数量、体脂率、肌肉含量、心血管系统的健康水平、基础体能水平，以及适应能力等。不管你现在的体能水平如何，了解你的身体如何适应训练并且机能得到提高是非常重要的。

体能训练的目的是系统地刺激身体，以提高身体机能水平、运动能力。体能水平反映了你的训练水平，当训练计划安排了正确的训练刺激时，体能水平就会通过训练得到提高。如果训练刺激没能有效地发挥作用，或者完全没有训练刺激，那么你的体能水平提升就会进入瓶颈期甚至开始下滑。一旦你的体能水平提升进入瓶颈期，你就需要改变身体接受训练刺激的方式，如提高训练刺激的水平或者改变训练方法。

训练效果来自于身体对不断增加的训练刺激产生的适应。身体接受训练刺激强度的临界点对提高体能水平十分重要。如果训练刺激无效，那么身体就无法发生改变。如果训练刺激过于强烈，则可能出现运动损伤和过度训练的现象。

心脏、肺、肌肉、关节以及免疫系统都会对训练产生适应性。合适的训练会使肌肉变得更强壮，关节的润滑度更好，骨头变得更结实，心脏能够泵出更多的血液到肌肉中，肺则为循环系统提供了足够的氧气。

适应过程涉及的因素包括超负荷刺激、专项刺激、训练效应的衰退或不适应以及个体差异性。所有这些决定了你在训练过程中所获得的体能提高的效率。

超负荷刺激

一项训练带来的刺激一定要比身体已经适应了的刺激强度更高一些，才能产生超负荷的强度。额外增加的负荷强度对身体的不同系统提出了更高的要求。你开始进行一项新的训练计划时，身体就开始承受新的训练刺激和更高的训练负荷，就能够很快实现体能水平的提高。

身体逐渐适应了施加的训练负荷之后就会产生新的适应。适应就意味着你的体能水平不会再产生新的变化，这是身体成功适应训练刺激的结果，同时也意味着你进入了体能水平提升的瓶颈期。

当体能水平提升进入瓶颈期，体能训练的提升效果便开始降低，此时训练计划中就要加入新的超负荷强度。避免出现瓶颈期或者克服瓶颈期的方法是改变训练计划，如通过调整两次训练之间的休息时间，改变训练的频率、训练的组数和重复次数、训练计划的实施方法或顺序，以及提高训练的负荷和要求等方式，可以制订出丰富多样的训练计划。训练类型和训练方法的多样性是持续施加超负荷训练刺激的关键。

训练内容的选择和训练时间的安排需要经过慎重的考虑，而且还要注意两组训练之间的休息时间，这对你能否最大限度地承受超负荷训练刺激非常关键。身体通过充足的时间且有效的手段进行恢复才会越来越强壮，体能水平才能不断得到提高。对于进行体能训练时间不长的初学者来说，可能需要几个月的时间来适应新的训练刺激，所以训练计划的多样性不是最重要的。

专项刺激

身体对施加的训练刺激的适应具有特殊性，主要依据实际训练计划的特点而定。一个合理的训练计划除了根据技术动作的特点对所涉及的肌肉进行有针对性的训练外，还包括一些与技术动作非常相似的肌肉动作的专门训练。

专项刺激的类型有很多，如针对肌肉收缩速度、动作顺序、动作速度、特定的动作模式、协调性、动作的能量产生方式等的刺激。训练计划应包含丰富多样的训练内容，为持续提高体能水平施加足够的训练负荷，从而高效地进行全身锻炼。

训练效应的衰退或不适应

如果你不进行训练，不对身体施加专项刺激或者不施加超负荷刺激，体能水平的提升不仅会到达瓶颈期，而且有可能下降。当肌肉不运动或者肌肉运动被限制时，肌肉就会萎缩。这意味着肌肉力量和质量都会下降，关节间将会变得干燥而不再润滑，骨骼将变得脆弱，心率会变快且不能输送足够的氧气到肌肉中。体能开始变差。

个体差异性

每个个体都具有独特的能力，都是独一无二的。年龄、性别、遗传因素、过去的身体情况和现在的体能水平都会影响甚至决定一个人体能水平提升的效率。

训练的益处

训练能够给身体带来许多好处，包括控制体重，降低患心血管疾病、2 型糖尿病和一些癌症的风险等。保持活力且持续进行训练能够增加骨密度，减少关节疼痛，提高肌肉力量，减缓衰老。训练还能够增强自信心，对心理健康有积极的促进作用。

拳击训练能够给身体和心理带来许多好处

训练强度

为了使身体通过训练而获得最大的益处，在训练时就要有一定的训练强度，全身心投入，并且持之以恒。同时，要了解自己的运动能力，知道自己在训练中能做出多大的努力。在这个过程中，你有时会感到自己的身体能够按照你所想的完成动作，有时又会感到疲劳，动作缓慢。

自觉疲劳程度量表（RPE 量表）

你需要在训练中付出多大的努力来达到你想要的训练效果呢？有许多方法能够测量和监控你在训练中的努力程度或训练强度，其中一种方法是使用自觉疲劳程度量表。

自觉疲劳程度量表分为 0~10 级，由训练者自己评判在训练中的感觉。坐在椅子上休息的时候，评级为 0；坐在椅子上抬起手臂，评级为 1；训练前为了增加肌肉的血流量而进行热身活动，评级为 2~3；以中等速度步行，评级为 3；处于坚持完成 1 分钟的运动都很困难的状态，比如冲刺跑，评级为 9~10。

无论你当前的体能水平或者正在进行的训练类型如何，你采用自觉疲劳程度量表来衡量训练强度都是有效的。一般来说，你在心肺功能训练或抗阻训练过程中所感受到的努力程度、疲劳或者不适感与自觉疲劳程度量表是相关的。该量表典型地揭示了心脏的搏动强度、氧气消耗量与训练者自己认为的运动量之间的线性关系。

自觉疲劳程度量表使用起来十分简便，不需要任何设备，并且在测试过程中也不需要停止训练来读取数据。无论你是在跑步、跳绳、打沙袋还是进行手靶训练，都能够十分方便地持续监控自己的感觉，从而实时监测训练强度。同时，你也可以在训练中根据量表来提高训练强度或降低训练强度，以便在你期望的强度下训练。

疲劳程度取决于心率的升高或降低、生理因素以及可能对训练产生影响的心理因素。你要学会在训练中与自己的身体进行沟通，时刻关注自己身体的感受。

选择丰富多样的训练方法，为自己设定切合实际的训练目标，将训练作为日常生活的优先事项，并摄取健康的食物，你将会获得卓越的身体素质和健康水平。健身拳击是一种令人振奋且趣味性十足的锻炼方式，帮助你以最有效的方式实现效益最大化的结果，提高力量、耐力、心血管和呼吸系统的机能、灵活性，改变体成分。

自觉疲劳程度量表

0~1 级	没有努力。如坐在椅子上休息。
2~3 级	轻微努力。如热身活动、拉伸、整理活动。肌肉温度开始升高。
4~5 级	努力。心率略微升高，呼吸略微加快，体温升高。
6~7 级	中等努力。呼吸加快并开始出汗。说话开始变得困难。
8~9 级	非常努力。呼吸变得急促吃力。说话变得很困难。
10 级	十分努力。无法维持运动超过 1 分钟，无法说话。这就是你的极限。

第2章 基本技术

为了给有效的健身拳击训练奠定坚实的基础，正确的基本技术十分重要。如果你花足够的时间去掌握基本技术的话，你的体能水平和技术水平会自然而然地得到提高。在学习一个新技术的时候，学习的目标是要让这个技术成为一种不需要过多思考的习惯。形成一种习惯是指形成一种自然的条件反射，这是在重复进行某个动作的过程中形成的。我们训练的目标就是不断地练习这些基本技术，直到成为一种习惯。

> 我很喜欢技术训练，这种训练对我来说十分有吸引力。它是需要许多能力综合起来的一种表现，如怎么把步法和攻防技术协调起来，或者如何把力量和平衡结合在一起。这太让我着迷了。你需要不断地学习，永远没有尽头！
>
> ——塞西莉亚·布莱科豪斯
> 女子次重量级世界冠军

传统拳击实战姿势

拳击中所有的动作都源自平衡且稳定的实战姿势。实战姿势是稳定且流畅地完成动作的基础，在这个基础上才能打出效果显著的组合拳。正确的实战姿势十分重要，它能提供稳定的重心，让拳击手移动得更加轻松。

如果你的惯用手是右手就采用"经典"或"传统"的实战姿势，即左肩和左脚在身体的前方，这个姿势能让你轻松快速地打出左刺拳。一记有力的左刺拳能够充分为后续的出拳（如右直拳）做好力量上的准备。如果你的惯用手是左手，那么右肩和右脚在身体的前方，这个姿势能够让你充分发挥右刺拳，被称作左撇子姿势。

在本书中，所有的移动和组合技术都是在经典或传统姿势的基础上进行描述的。

脚

正确的脚的姿势是实战姿势里一个很重要的部分。如果脚的姿势不正确，在进行空击训练、沙袋训练和手靶训练的时候就不能有效地移动。前脚（指示脚）应该指向假想的对手（沙袋或者手靶训练时的执靶者可以被视为假想对手）。

在开始移动之前保持好稳定的实战姿势十分重要。双脚分开，与肩同宽或略宽于肩。右脚向后撤一步。后脚（或称为启动脚）要略微位于前脚正后方的一侧，绝不能在前脚的正后方，即两脚不能在一条直线上。这就是传统实战姿势（右利手）中脚的姿势。

身体重心平均放在两脚上。如果重心过多地放在前脚上，那么出拳之后就很难迅速地移动，还会使启动脚无法转动，而且会减弱后续右直拳的力量。将身体重心放在脚掌上，后脚的脚后跟微微抬起。后脚脚跟抬起有助于你快速移动和进行反击，而且在打出重拳时能轻松地转脚蹬地。

正确的脚的姿势和3/4站姿能保持好平衡，并且能够轻松地完成向各个方向的移动。膝关节要稍微弯曲，以便完成灵活、有力而且稳定的动作。膝关节的弯曲不要过度，否则动作会变得笨拙而缓慢。

躯干

身体姿势要保持一定的角度，微微侧身，使身体暴露出的能被击打的范围尽可能小。前面的肩、髋关节和脚在一条直线上。收腹，微微向前含胸，放松肩膀。时刻关注身体的核心区域，所有的动作都要从核心区域开始完成。出拳的力量来自于强有力的核心区域。

手臂和肩膀

手臂紧贴身体胸腔的两侧，肩膀放松，微含胸，肘关节弯曲自然下垂，微微里合，这样可以保护胸腔和胸口。双手放在脸的两侧。拳击手需要不断地调整双手的位置来防止对手击打自己的躯干和头部。

手和拳头

高举拳头以保护脸和下巴。五指微微并拢，形成一个放松的拳头，拇指扣在其余手指的外侧。拳不能握得过紧，微微内旋，手腕保持竖直。传统姿势中拳击手的右手会放得更高一点，非常靠近下巴，左手的位置略微高于左肩。所有的进攻都是在这个姿势上发起的（左撇子与之相反）。

双拳除了进攻时要始终保持防守姿势外，完成出拳之后也要快速地沿直线回到防守姿势进行防守。

头部

眼睛始终盯住目标（沙袋或手靶）。下巴内收，朝向胸前，头略微向下低。右拳和左肩为下巴提供保护。

传统拳击实战姿势　　　　脚的姿势　　　　专注于正确地出拳

实战姿势的要点
· 确保腿和脚处于一个平衡且稳定的姿势，随时做好移动的准备。 · 确保重心处于两脚之间，身体的重量落在脚掌上。 · 前脚指向目标。 · 启动脚的脚尖略微朝向外侧。 · 后脚（启动脚）在前脚的后侧，两脚之间的距离大约一肩宽（或略宽于肩），后脚在前脚的侧后方，一定不能位于前脚的正后方。 · 身体放松，尤其是放松颈部和肩部的肌肉，这样有利于出拳。 · 膝关节微微弯曲，后脚脚跟微微抬起，脚掌着地，这样能快速地完成位置的变换。 · 前面的肩、髋关节和脚呈一条直线，侧身站立面向对手。 · 双手紧贴身体两侧，肘关节自然下垂靠近胸腔。 · 双手放松地握拳，拇指扣在其余手指的外侧。 · 双拳略微向内旋转，抬高，做好防守姿势。 · 核心部位的肌肉收紧。

　　每次出拳都力求技术动作准确，需要反复练习才能提高技能。在开始练习组合拳技术之前，要大量练习单独的拳法，保证每种拳法都能够流畅地完成。每次练习都要有明确的目标，每次出拳都要达到应有的效果。身体各个部位的肌肉需要通过训练以快速、协调地完成一次又一次高质量的出拳。

　　健身拳击需要掌握的基本拳法是左刺拳、右直拳、平钩拳、上钩拳等。每次出拳都要认真思考技术动作，这样就会变成能够瞬间完成的习惯性动作。

左刺拳

　　快速、有效的刺拳是拳击手的最厉害的武器。刺拳的主要作用是使对手在安全距离外，分散对手的注意力，破坏对手的防守。刺拳还能够为后续的拳法做好准备，比如右直拳和平钩拳。刺拳的进攻既要有速度还要有准确性。在一场拳击比赛中，刺拳是使用最多的进攻技术（占出拳总数的 65%~70%）。高质量的刺拳能够带来许多出其不意的效果。刺拳可以从任何角度精准地完成进攻，既可以作为进攻的武器，也可以作为防守的手段。无论是在比赛的第几个回合，还是练习空击或打沙袋都要持续不断地使用刺拳。

左刺拳

　　传统实战姿势中，拳击手一般出左刺拳。先让左手手掌心面向自己，放松地握拳。出拳时，左臂沿直线迅速击打目标。随着手臂的前伸，拳头逐渐旋转，在拳头到达击打位置时，拳心朝向正下方。手臂充分伸直，但是要避免肘关节过度伸展。肩部随着手臂的动作自然前伸以保护下巴。打出左刺拳时，拳不要过早地旋转。旋转从肩部开始，然后到肘部，最后到拳头。在出拳的过程中，最常见的错误是抬肘，这样做会让出拳的力度变小，效果减弱，而且会暴露自己的进攻意图。

　　在完成击打之后，左臂沿出拳的路线迅速收回恢复防守姿势。肘关节靠近身体，保护好肋骨。在出左刺拳的过程中，右手始终位于头部一侧。

　　左刺拳既可以击打对手的头部，也可以击打对手的躯干。在击打对手躯干时，微微弯曲膝关节，降低整个身体的高度后出拳而不是向下出拳，可利用空击或沙袋训练对这个技术进行专门训练。

在刚开始练习左刺拳技术的时候，身体上的动作要尽可能少。一旦你提高了左刺拳击打的质量，就可以在出拳时通过向前移动来增加出拳的力量，具体做法是在出拳的同时后脚脚掌蹬地发力向前推动身体，前脚向前滑动。在完成这个技术时，脚下的动作一定要和出拳的动作协调一致。出左刺拳时，一定要保持身体平衡，配合出拳的动作自然地呼吸。左刺拳的动作要干脆有力，而且动作要快。

左刺拳的要点

- 避免出现"鸡翅"现象（即出拳的时候抬肘，导致出拳的效果减弱）。在出左刺拳的过程中，肘关节应向前沿直线移动。
- 出拳最后的动作和收拳的动作也容易出现错误。练习的时候可站在镜子前面，确保出拳的路线是直线，收拳回到防守姿势也是沿直线完成的。
- 在最后 1/3 的击打过程中旋转拳头，拳心在击打时是向下的。在出拳的过程中要高度关注手臂的伸展和拳头的旋转。
- 多出左刺拳，动作要快，要干脆有力。

右直拳

右直拳是传统实战姿势中拳击手击打的一种重拳。从防守姿势开始做出拳动作，后肩向前转动的同时，右手从下巴的位置向前打出。拳头沿直线向前方的目标移动，在最后 1/3 的击打过程中旋转拳头，拳心在击打时朝下。

与左刺拳相比，右直拳需要更长的时间和更多的能量。力量来自启动脚，拳头沿直线击打目标。记住在出拳的过程中要收紧核心肌群，以保证拥有一条完整的动力链和稳定的重心。脚掌着地，保持好 3/4 站姿，右髋关节向前旋转。右肩和右髋关节同时旋转，结合后脚蹬地发力，从而完成强有力的右直拳。

就像左刺拳一样，手臂在打出右直拳的过程中不要回拉，肘关节不要抬起。左手保持在脸的前方保护好下巴。髋关节朝向目标，下巴内收，

右直拳

眼睛盯着目标，完成击打。完成击打后快速地回到防守姿势，做好下次出拳的准备。右直拳要求有更多的肌肉参与和更多的能量。

右交叉拳和右直拳的作用基本一致，只是在执行过程中稍有区别。打出右交叉拳的时机是对手打出左刺拳的时候，此时打出右直拳需要改变一点角度，从对手左刺拳的上方交叉进攻，而右直拳则是沿直线向目标发动攻击。

右直拳的要点

· 肩部和髋部在出拳的时候确保同时启动，重心从后脚向前脚转移。

· 肘关节不要抬起，沿直线移动。

· 右直拳是全身性的协调运动，稍微弯曲膝关节以确保躯干、肩膀和髋部能够轻松地转动。

· 出拳时，后脚脚掌要着地。

· 保持前手（打出左刺拳的手）始终处在防守姿势。左手在打出右直拳的时候不能向下掉。

平钩拳

平钩拳是一种短距离、沿弧线击打的拳法。这种攻击距离短、伤害性强的拳法通常在打出左刺拳或右直拳之后完成。平钩拳的力量和速度不是靠挥臂产生的，而是通过转动髋关节和脚蹬地发力，以及身体各个部位协调转动产生的。为了让平钩拳发挥出最大的效果，拳击手通常会在比较近的距离上完成击打。平钩拳是一种需要精准控制的拳法。

左平钩拳

在与对手的距离比较近时使用左平钩拳，拳头通常会在对手的视线之外，因而能够出其不意地击打对手。

双手处于防守姿势，核心肌肉收紧，膝关节微微弯曲，重心放在双脚上。出拳时，左肘抬离胸腔，手臂与地面平行。肘关节在整个动作过程中保持90°。

左平钩拳

肩部和髋关节顺时针旋转，前脚以脚掌为轴向内旋转。拳心向下，指关节紧密接触，击打目标。出拳后快速将左肘收回到身体一侧，左拳抬高保护好下巴。

左平钩拳的一个优点是击打目标的距离短，击打距离大概是右直拳的 1/3，这使得平钩拳具有欺骗性。平钩拳既可以击打头部，也可以击打躯干。利用平钩拳进攻躯干时可以弯曲膝关节以降低身体的高度，使身体处于一个合适的姿势。

右平钩拳

传统实战姿势中拳击手用惯用手——后手打出右平钩拳，这样会有一段合适的距离来击中目标。使用这种拳法不像使用左平钩拳那么频繁，因为对手能够从脚的动作和较远的击打距离中发现你的攻击意图。打出右平钩拳的身体动作与右直拳一样，区别在于右臂是沿弧线完成动作的，与对手之间的距离必须很近，手臂不能伸直。你可以在进行沙袋训练时练习右平钩拳。

站在离沙袋比较近的距离，以后脚的脚掌为轴转动，逆时针、快速地旋转手臂、肩、身体和髋部。完成出拳之后，快速回到防守姿势，右拳抬高保护下巴，用肘部保护身体。

平钩拳的要点
· 打出平钩拳时，手臂和上半身要成为一个整体。打出左平钩拳时，以左脚（前脚）脚掌为轴转动；打出右平钩拳时，以右脚（后脚）脚掌为轴转动。
· 当你靠近击打目标时，要向前移动并出拳。一个常见的错误是出拳时距离太远。
· 打出平钩拳时不要挥臂，动作要尽量小而紧凑。
· 肘关节保持 90°，与肩同高。

上钩拳

上钩拳是一种非常有力的近距离拳法，左手和右手都可以完成。拳头沿着一个向上的弧线击打目标。与平钩拳一样，上钩拳也用来近距离击打对手。上钩拳既可以击打躯干，也可以击打下巴。

右上钩拳

在传统实战姿势中打出右上钩拳时，后腿膝关节微微弯曲，右肩向身体右侧降低，左拳保持原来的高度以保护好下巴和头部。在这个半蹲姿势的基础上，髋关节向前转动，右拳由下向上沿弧线击打目标。肘关节弯曲，右肩随着髋关节的转动而转动。利用膝关节将脚蹬地的力量向上传递。击打目标时，髋关节向前转动，肘关节适当弯曲。这些动作要在一瞬间同时完成。完成击打后应尽快回到防守姿势，做好下一次进攻的准备。

左上钩拳

左上钩拳的动作在向左半蹲姿势的基础上，左肩降低，重心转移到

右上钩拳　　　　　　　　　　　左上钩拳

左脚脚掌上。整个出拳过程要紧凑，使用蹬地产生向上的推动力来增加出拳的力量。一个长距离的上钩拳会失去一些力量，因为肘部无法充分弯曲，整个身体的力量就不能在向上的运动中产生效果最佳的转移。尝试在直拳的动作（左刺拳和右直拳）之后接左上钩拳，靠近对手，近距离打出上钩拳。

上钩拳的要点

· 在出拳之前，不要退缩或回拉手臂。这些多余的动作不仅发挥不了作用，而且会使肩关节受伤。

· 利用好向前转移身体重心而产生的力量和爆发力。

· 充分蹬地发力以更好地完成上钩拳。身体不要向后倾斜，重心落到脚后跟上。保持好稳定的重心，收紧核心肌肉。

· 在出拳的过程中为了发出最大的打击力，肘关节应始终弯曲 90°。

组合拳法

每次出拳都有几十种不同的方式，你可以根据自己的身体位置、身

组合拳法

体结构、个人特质，以及出拳的时机组合不同的出拳方式。

1-2 组合拳

当你熟练掌握单个拳法的动作之后，就可以开始尝试 2 拳或 3 拳的组合技术。先打出一记左刺拳，紧接着打出一记右直拳，这是典型的 1-2 组合拳。出拳时关注的重点是放松、流畅地完成动作，出拳之后要快速地回到防守姿势。这个组合技术的使用频率非常高，许多组合技术都要在此基础上完成衔接。

充分发挥你的创造性，在组合拳中加入丰富的变化，如增加出拳的数量，连续打出 2 记左刺拳或 2 记平钩拳。设想屈膝降低身体的高度去击打对手的躯干，随后立刻起身快速地出拳击打对手的头部。

出拳编序

拳击教练经常使用简单的数字序列来指代特定的组合拳（更多内容将在手靶训练中详细介绍）。空击能够很好地训练按数字排列的组合拳。左刺拳是最重要的一种拳法，通常被指定为 "1"。右直拳一般会紧接着左刺拳，被指定为 "2"。左平钩拳被指定为 "3"，右上钩拳被指定为 "4"。

打出单拳的时候要做好后续拳法的身体姿势准备。如果身体在打出第一拳的时候失去平衡，就要依靠第二拳来恢复平衡。1-2-3 组合是一套流畅组合拳的典型例子：第 1 个动作是左刺拳，第 2 个动作是右直拳，最后以左平钩拳结束。这个组合由快速的左刺拳开始（1），然后旋转髋关节，后脚蹬地发力打出右直拳（2），这时已经处于打出左平钩拳的最佳位置（3）。打出左平钩拳之后迅速将手收回，恢复到防守姿势，做好下一组进攻的准备。这个 3 拳的组合技术能够让你很好地体会身体重心在出拳过程中的转移和控制。反复练习这个 3 拳组合，熟练掌握之后可以尝试在组合中增加更多的拳法。

在刚开始练习组合技术、设计进攻点的时候，动作要简单。如果你在做组合拳技术动作时有困难，可以通过降低出拳的速度、减少出拳的次数来调整，要始终将注意力集中在技术动作的准确性上。随意的出拳没有任何意义，因此要确保每一拳的动作都是正确的，才能形成正确的肌肉记忆，而出拳的速度和力量会伴随着技术动作质量的提高而得到提高和增加。

创造属于你的进攻拳法

我把我用左手打出的拳称作"我的45°"，因为它们是以45°打出来的，这是介于平钩拳和上钩拳的角度。这个技术需要我的手臂保持一个角度。从这个独特的角度打出来的拳效果非常显著。

——奥斯卡·德·拉·霍亚（Oscar De La Hoya）

霍亚的45°拳确实是一个独特的技术。它既不是平钩拳，也不是上钩拳，而是两者的结合。掌握了基本拳法和其他的基本技术之后，你才能形成具有个人特点的拳法。

迎击

　　迎击是在受到攻击时立即出拳进行反击的技术。这种反击技术的优势是利用对手在进攻时无法处于良好的防守状态来进攻。当你看到对手出拳时，迅速进行滑步移动或下潜防守，然后用自己擅长的技术反击。迎击技术能够通过手靶训练得到强化。小弗洛伊德·梅威瑟是历史上反击技术使用得最好的拳击手之一（从网上关于他取得胜利的比赛视频可以看到他令人难以置信的反击能力）。

步法和移动

　　穆罕默德·阿里在拳台上使用的充满想象力的脚步和富有创造性的移动就像芭蕾舞一样，他对平衡、节奏的控制和变向能力看起来似乎很容易，但实际上，高质量的步法对于很多运动（如足球、网球）来说都很重要，但是没有一项运动的步法的重要性超过拳击。

　　技术精湛的步法能让拳击手摆脱危险，同时创造反击的机会。流畅且稳定的步法也是健身拳击训练的一项基本内容。步法是需要设计的，每一步的移动都有其目的。利用腿和脚来控制距离时，始终要保持放松，控制好自己身体的动作。保持重心稳定，脚掌着地，这样能保证你顺畅地移动。

脚先移动

向前移动
　　从实战姿势开始，启动脚的脚掌蹬地发力，推动身体或前脚向前移动。记住，双脚一定不能死死地踩在地上，脚掌着地，身体要轻盈。向前移动的目的是缩短与对手之间的距离以出拳击打，如打出左刺拳或右直拳。要通过反复的练习去寻找适合自己完成进攻的距离和恰当的移动幅度。

向后移动

向后移动是防守对手进攻时必不可少的技术动作。向后移动时，前脚蹬地发力的同时后脚向后移动一步。向后移动的目的是做好反击的准备，并策划下一步的进攻。紧接着向后移动的动作可能是出拳反击，也可能是向其他方向移动。

向左移动

这个移动技术不是做出弓箭步，而是双脚紧凑地移动。双脚之间的距离保持与肩同宽，从而保持身体平衡。向左移动时，后脚（右脚）蹬地发力使前脚（左脚）向左移动，随即后脚向左跟进一步，确保身体处于 3/4 姿势的站位，面向目标，切记不能正对目标。

向右移动

向右移动时，前脚（左脚）蹬地发力使后脚（右脚）向右移动，随即前脚向右跟进一步。双脚尽可能同时移动。在移动的过程中始终要保持好实战姿势。

步法的要点
· 不要迈步过大，否则会失去身体平衡，丧失有利的姿势。
· 双脚在移动时不能交叉。
· 移动之后迅速回到稳定的防守姿势，前脚、肩部朝向目标。
· 向前移动时，后脚蹬地发力的同时前脚向前移动。
· 向后移动时，前脚蹬地发力的同时后脚向后移动。
· 向左移动时，后脚（右脚）蹬地发力，前脚（左脚）向左移动。
· 向右移动时，前脚（左脚）蹬地发力，后脚（右脚）向右移动。

移动的注意事项

移动时要记住是靠"推动"移动，而不是主动"迈步"。两只脚的移动几乎是同时的，先移动的那只脚要在瞬间完成动作。如果你先移动的脚迈出了一大步，身体的重量就会落在脚后跟上而不是脚掌上，从而导致你无法快速变向。利用脚掌蹬地发力来推动身体移动能够让你的移动变得更轻松更迅速。

跳步

　　跳步是拳击运动中的一种积极的跳动，脚下的动作与跳绳相似。它通常是平衡、灵活地向前和向后移动。出拳的时机应参考跳步的节奏而定。这种风格的步法是一种有氧运动，能消耗更多的热量，同时训练双脚的灵活性。

跳步

　　仔细观察穆罕默德·阿里或者舒格·雷·伦纳德的脚下动作，你会发现他们用向前、向后、向左、向右的跳步来迷惑对手并创造机会发动进攻。他们脚下的动作非常流畅，并且将脚下的动作和出拳的时机结合得非常完美。把这点做得非常出色的拳击世界冠军是塞尔吉奥·马丁内兹，他的进攻都是建立在节奏性极强、持续不断的脚步移动上的，以这种强度坚持12个回合需要极高的体能水平。

　　掌握有节奏的跳步应从实战姿势开始，放松膝关节，像跳绳一样，脚掌着地发力，稍微跳离地面并向前、后、左、右移动。整个过程都要保持脚掌着地，脚后跟不要接触地面。向前移动时，后脚脚掌蹬地发力以推动整个身体向前，前脚脚掌向前移动。向后移动时，前脚脚掌蹬地发力以推动整个身体向后，后脚脚掌向后移动。跳步的动作幅度非常小，双脚离开地面的高度大约只有几厘米。如果你想要在两次跳步之间出拳，则要在停止跳步的同时快速出拳，随后再恢复跳步。按照跳步—落地—

出拳的节奏重复练习。

　　不必要的前后跳动会浪费体能。每次的脚下移动都要经过精细的设计，要让自己处于一个既能攻击对手又能避免对手反击的位置。在进行空击训练或者沙袋训练的时候，可以练习持续 20~30 秒的快速脚步移动。向任何方向的移动都要注意保持好重心稳定。

防守移动

　　掌握防守移动技术是拳击手的一项基本素养。对健身拳击来说，需要掌握的技术包括侧闪、下潜和假动作等，这些技术也要加入后续的空击训练中。核心肌肉和下肢肌群都会参与防守移动中。防守移动的技术动作使空击训练更加丰富和有效。

侧闪

　　拳击手防止被对手击中的一个方法是躲避对手的拳头。侧闪时，头部和身体侧向摆动以躲避对手的拳头。拳击手掌握有效的侧闪技术后便能保持好距离来完成反击。

　　侧闪要从防守姿势开始，重心略微前移，随后向右或向左降低身体，完成之后立即回到实战姿势，整个过程要始终将目标保持在视线内。尽

右侧闪

左侧闪

管侧闪主要是上半身的动作，但是下肢发挥了重要作用。膝关节要微微弯曲。你可以把下肢想象成一个减震器，辅助身体快速左右移动。脚掌着地，不要把重心落在脚后跟上。

在组合拳中加入侧闪训练对健身也有好处，比如充分利用核心肌肉，消耗更多的热量。

侧闪左刺拳

想象对手打出左刺拳，重心右移，向右侧闪，右膝微微弯曲。

侧闪右直拳

想象对手打出右直拳，重心左移，向左侧闪，左膝微微弯曲。

 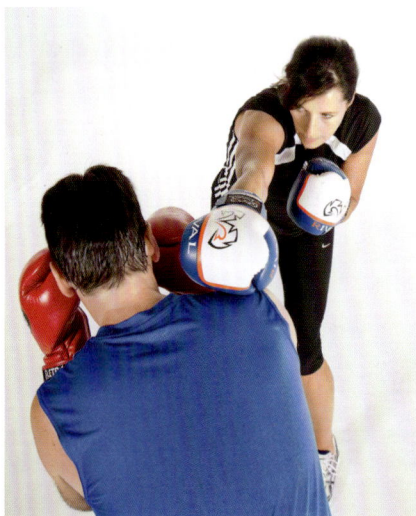

侧闪左刺拳　　　　　　　　　　侧闪右直拳

侧闪的要点
· 注意侧闪时重心不要移动过度，将重心控制在双脚之间。
· 侧闪时，手保持在下巴的位置，做好防守。

下潜

拳击手用来躲闪对手攻击的另一个技术叫作下潜。下潜也被称为摇闪，通常被用来躲闪力量非常大的击打，如平钩拳。

从实战姿势开始，背部保持直立，双腿膝关节同时弯曲，快速地降低身体高度，这个动作与深蹲非常相似。这是一个小幅度的向下移动的动作，下蹲时膝关节的角度不能小于90°。最佳的下潜幅度是刚好能躲过对手打来的拳头，使拳头从头顶划过。完成动作之后要快速回到防守姿势。

在训练中加入下潜技术能够使身体做出更多的工作，参与其中的肌肉有核心肌群、臀大肌、腘绳肌和股四头肌等。

下潜躲闪右平钩拳

下潜的要点
· 弯曲膝关节以降低身体。不能弯腰。
· 脚掌着地，利用下肢完成动作。
· 下潜要快速且动作紧凑，不要下潜得过深。

假动作

假动作是预先设计好的动作，目的是欺骗对手。你可以通过假动作让对手以为你要做某个动作，但是实际上做的是另外一个动作，借此创造机会进行进攻。你可以利用肩部和手臂的假动作来欺骗对手，如假装要出拳，实际上不出拳；可以用脚的假动作来欺骗对手，如假装要向某个方向移动，实际上是向另外一个方向移动，以此来观察对手如何做出反应；也可以假装要击打对手的某个部位，实际上是击打另一个部位，如假装击打对手的躯干，实际上迅速地改变为击打头部。切记假动作不能很明显。

左刺拳假动作，实际用右直拳击打

肩部假动作

左肩向前转动，假装打出左刺拳，实际用右直拳击打。

脚步假动作

左脚向左迈出一小步，假装向左移动，随后迅速向右绕转，用左刺拳击打。

拳法假动作

快速向前伸出右手，假装打出右直拳，然后迅速打出左平钩拳。

击打部位假动作

弯曲膝关节，降低身体以击打对手躯干，然后快速起身出拳击打对手的头部。

把假动作加入训练计划，你可以在空击训练、手靶训练和沙袋训练中加入假动作的练习，这会使你获得更加真实的拳击体验。时刻牢记训练是为了模拟比赛的场景。如果想向一位大师学习假动作，可以观看绰号为"顽石之拳"的罗伯特·杜兰（Roberto Duran）的比赛。

假动作的要点
· 动作要微妙，不能过分夸张。
· 面对镜子训练，优化技术动作，使假动作看起来真实。
· 要迅速回到防守姿势，这样就能够保证随时处于出拳的姿势。

空击训练

　　空击训练能够把所有技术都结合起来。空击训练不需要沙袋或者对手，将出拳、脚步移动、进攻等技术结合在一起形成一个流畅的套路。

　　空击训练通常是拳击训练的第一个内容，它不仅是热身的方法，而且能让训练者做好技术训练的心理准备，更加高效地练习拳法、步法等。空击训练是健身拳击训练非常重要的一个方面。拳击手通常在两组沙袋训练之间完成一组短促的空击训练。

　　训练的关注点要放在流畅的技术动作和脚步移动上，技术动作、拳法和脚步移动都应遵循战术逻辑，身体要始终保持稳定。训练中要持续地移动、出拳，充分利用训练场地的空间。空击训练是训练新的组合技术和复习基本技术的非常有效的手段。你在空击训练时可以设想面前有一个对手，面对对手来完成移动、进攻和防守。空击训练能够帮助你做好比赛的充分准备。

空击基础训练

　　从练习脚下移动开始，向不同的方向移动，重心落在脚掌，双脚保持灵活，双腿不能交叉，双手始终保持防守姿势。

　　然后练习在靠近假想对手时使用左刺拳，围绕对手移动。出拳的时候回想左刺拳的技术要领，以确保动作流畅且精准。尝试从不同的方向靠近对手，打出干脆、有力的左刺拳。

空击训练的要点
· 保护好下巴。
· 每次出拳之后都要回到防守姿势。
· 充分利用场地空间，不能站在原地不动。
· 保持身体平衡，脚步的动作要与出拳的动作协调一致。

空击　　　　　　　　左刺拳 + 移动　　　　　　流畅的组合拳

空击训练方式

与假想对手进行训练

假想一个对手，并设计好目标，试着在出拳和移动时找到自己感到舒适的节奏。出拳要与步法协调一致，在较短的时间里尽可能多地出拳。要不停地移动，利用脚掌完成侧向的移动，使用侧闪和下潜躲避假想对手的进攻。

快速地进行 3 分钟的空击训练能够让身体为手靶训练和沙袋训练做好准备。尽自己最大努力完成训练，使自己处于轻微的疲劳状态，并做好下一组训练的准备。利用回合之间 1 分钟的休息时间来思考新的进攻策略，设计具有创造性的组合技术。空击训练始终要有一个明确的训练目标，使用不同的拳法，加入侧闪和各种假动作。一名优秀拳击手的动作永远是无法预测的，因此要把所有的技术融合起来。

对着镜子训练

在镜子前进行空击训练是完善拳法技术和移动技术的最好方法之一。你需要一面大镜子和足够的空间来自由地出拳和移动。如果你感觉组合拳完成得很别扭或不流畅，就可以对着镜子检查自己的动作是否正确，并对动作进行调整，如观察手的位置是否太低、手臂的角度是否正确、重心的转移是否轻松和准确等。通过对着镜子练习，你会发现改进拳法的技术动作很方便。正确的技术动作能帮助你轻松、流畅地完成组合动作，并且降低肩部和肘部受伤的风险。花大量的时间对着镜子进行空击训练，以便顺利过渡到沙袋训练。

手持哑铃的空击训练

你在掌握了拳法技术动作之后，可以在空击训练时手持一个较轻的哑铃进行训练，哑铃的质量为1~1.5千克。这个增加的质量既可以时刻提醒你保持手的正确高度，还可以提高肩部和手臂的肌肉力量和耐力。手持哑铃训练要在充分热身之后进行，出拳力度不超过最大出拳力度的60%。确保出拳的动作正确，并且要握紧哑铃。手持的哑铃一定不能超过1.5千克，否则会大大增加关节周围的韧带和肌腱受伤的风险。

在充分热身之后进行1个回合（3分钟）不持哑铃的空击训练，然后进行1~2个回合手持哑铃的训练，这样既能使手保持住防守姿势，也能强化正确的技术动作。这样的训练方式对手臂和肩部的肌肉具有一定的挑战性，因此能提高肌肉的力量和耐力，从而提高出拳的速度和力量。

经典的空击训练组合
1. 2记或3记左刺拳。
2. 1-2组合：左刺拳接右直拳。
3. 1-2-3组合：左刺拳、右直拳、左平钩拳。
4. 1-2-3-4组合：左刺拳、右直拳、左平钩拳、右上钩拳。
5. 左刺拳—右上钩拳—左平钩拳。
6. 左刺拳—左平钩拳—右直拳—左平钩拳。
7. 左刺拳—左刺拳—右直拳。
8. 左刺拳假动作—右直拳—左平钩拳。
9. 左刺拳击腹—左刺拳击头。
10. 1-2组合击腹，1-2组合击头。

自由空击训练

自由空击训练能够练习所有的拳法和移动技术，发展个人的技术风格。因为没有戴拳击手套，也没有沙袋，此时拳头的质量最轻，出拳的速度最快。在掌握了经典的空击训练组合动作之后，就可以开始进行随机的进攻训练和防守训练，注意进攻和防守的过渡要流畅，并加入侧闪、下潜和假动作等技术。训练的目标是快速且流畅地出拳，并且能熟练地针对对手的进攻完成侧闪和反击。

小梅威瑟手持哑铃对着镜子训练

进入训练状态

你要像一名拳击手一样进入训练状态。当你面对一名真实对手的时候，你会不用百分之百的努力去对抗吗？在健身拳击训练时，你也要假想是在进行一场真正的拳击比赛，投入百分之百的专注力。训练中既要享受自由自在的动作，也要不断创造新的组合技术，唯一能限制你的只有你的想象力。

空击训练计划

基本功训练（1个回合3分钟）

在这个3分钟的训练中，训练者需要一名搭档。搭档既可以提醒训练者需要完成哪些组合动作，还能够起到激励训练的作用。训练开始后，训练者的双手保持防守姿势，不停地移动，并且随时根据搭档的指令完成单拳或组合拳动作。搭档发出指令 "1"，训练者打出左刺拳；搭档发出指令 "2"，训练者打出右直拳；搭档发出指令 "3"，训练者打出左平钩拳；搭档发出指令 "4"，训练者打出右上钩拳。训练者每打出一拳都要快速回到防守姿势，不断移动，准备下一次进攻。

第二项内容是组合拳练习。当训练者听到搭档的指令 "1-2" 时，打出左刺拳接右直拳；听到 "1-2-3" 时，打出左刺拳—右直拳—左平钩拳；听到 "1-2-3-4" 时，打出左刺拳—右直拳—左平钩拳—右上钩拳。

搭档给训练者发出提示时要判断好训练者移动和打出组合拳的恰当时机。这个训练能帮助训练者提高快速反应的能力。

出拳序列归纳
1：左刺拳
2：右直拳
3：左平钩拳
4：右上钩拳
1-2 组合：左刺拳—右直拳
1-2-3 组合：左刺拳—右直拳—左平钩拳
1-2-3-4 组合：左刺拳—右直拳—左平钩拳—右上钩拳

始终要记住每打完一拳都要快速回到防守姿势，不断移动，听到搭档的指令后要迅速完成技术动作。搭档要多给训练者下达刺拳的指令，因为刺拳是比赛中使用最多的拳法。

基本功训练的目的是形成持续移动和出拳的习惯，逐渐提高组合技术的水平。

快速出拳训练（进阶训练）

冠军级别的拳击手通常在 1 个回合中能够打出 300 拳，这得益于他们出色的体能。快速出拳训练能够帮助训练者体会尽可能多地出拳的感觉。这个训练能很快提高心率水平，可以作为体能训练的内容，但也要始终将注意力集中在技术动作的正确性上。

训练持续 1 分钟，在 1 分钟内要干净利落地快速出拳。做 10 次训练，每次连续打出 10 拳，2 次出拳之间休息 2 秒，在这 2 秒的休息时间里进行深呼吸以缓解疲劳。

　　完成第 1 组的训练之后休息 20 秒，再开始第 2 组训练。第 2 组的目标是打出 100 拳，之后再休息 20 秒。随后完成第 3 组打出 100 拳的训练，这也是最后一组训练。

　　训练中要自然呼吸，不要屏气。如果打完了 100 拳，但是 1 分钟的时间还没结束，则在剩下的时间里继续移动，并不断打出刺拳。在 1 分钟的练习时间里要尽可能多打出组合拳，在 20 秒的休息时间里可以做肩部绕环的动作以放松肩膀和背部。

快速出拳训练（在充分热身之后进行训练）
第 1 组（1 分钟）：出拳 10 次，休息 20 秒。
第 2 组（1 分钟）：出拳 10 次，休息 20 秒。
第 3 组（1 分钟）：出拳 10 次，休息 20 秒。

　　根据个人的体能水平，训练者可以选择手持哑铃训练。考虑到这是一种进阶训练，手持的哑铃不要超过 1 千克，出拳只用全部力量的 60% 左右。

　　永远不要低估空击训练的重要性，它不光是为了热身或者放松，也是健身拳击训练十分重要的内容。

保护双手

　　进行健身拳击训练时，保护好双手也是重中之重。缠绕护手绷带、戴好拳击手套是训练的第一步。

缠绕护手绷带

缠绕护手绷带

　　缠绕护手绷带的作用是保护双手的骨骼、关节和韧带，给手腕提供更好的支撑，避免指关节被磨破，有效降低训练导致的短期和长期损伤的风险。护手绷带可以反复使用。

　　护手绷带有两种：一种是墨西哥风格的护手绷带，通常是由氨纶和半弹性棉的混合材料制成，有绝佳的贴合感；另一种传统的护手绷带是由棉质材料制成的，当你的手出汗时，护手绷带往往会皱成一团而变得很重。

　　护手绷带有 400~450 厘米的不同长度，如果护手绷带太短，就不能很好地缠绕和保护双手。我们推荐使用 450 厘米长的护手绷带，并且选用宽的尼龙搭扣包裹，这样更安全、更耐用。

　　缠绕护手绷带的方式有很多，主要取决于个人习惯。有人习惯多包裹一些指关节，有人习惯多包裹一些手腕，你可以根据训练目标做出一些适合自己的调整。

　　下面介绍一种常用的护手绷带的缠法。

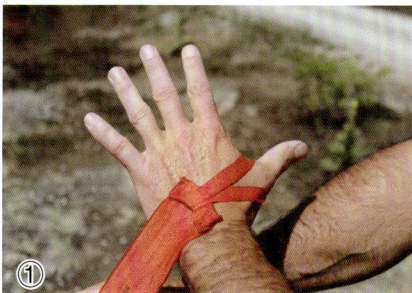

第 1 步：手掌放松张开，手指自然伸展。将布环绕在拇指上，使绷带绕过手背。

第 2 步：将绷带在手腕上缠绕 2 圈。

第 3 步：在拇指处缠绕 1 圈（朝着远离身体的方向缠绕）。

第 4 步：绕指关节缠绕 3~4 圈，确保手指始终张开。在缠绕的过程中要不断握拳以检查是否缠绕过紧，适当缠绕一些绷带的边缘，以使绷带保持平整。

⑤

第5步：将绷带绕过拇指根部，并把这个位置作为一个锚点，拉直绷带从小指和无名指之间绕过。

⑥

第6步：再次绕到拇指根部，然后拉直绷带从无名指和中指之间绕过。

⑦

第7步：再次绕到拇指根部，拉直绷带从中指和食指之间绕过。

⑧

第8步：从手腕绕到指关节，重复缠绕几圈。

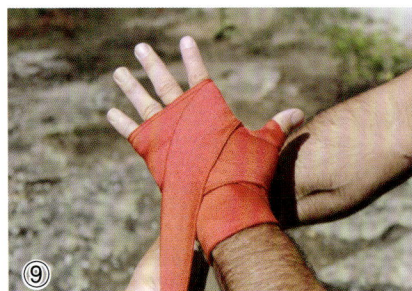

⑨

第9步：剩下的部分，继续以"8"字形缠绕的方式缠绕手腕和手。将绷带从前方向下拉到手腕处。

⑩

第10步：在手腕下缠绕，向上缠绕到手的前方，完成"8"字图案的第2部分。重复几次。

第 11 步：最后留足够的长度在手腕上缠绕几次。用尼龙搭扣固定。

缠绕护手绷带的时候要保持一个均匀的张力，这点非常重要。绷带的缠绕贴合手部才能提供支撑力，但是不能太紧，否则会阻碍手部的血液循环。在训练时，即使戴了拳击手套，也要缠绕护手绷带来保护指关节和手腕。

戴拳击手套

拳击训练有比赛手套、对练手套和沙袋手套 3 种。比赛手套是在比赛中使用的，用绑带固定；对练手套用于实战对练和其他训练，有用绑带固定的，也有用尼龙搭扣固定的；沙袋手套用于沙袋训练和手靶训练，通过尼龙搭扣固定。不同的手套有不同的用途，如沙袋手套不能用于实战对练或者比赛。

与实战对练或比赛相比，沙袋训练和手靶训练会给手套带来更大的磨损，因此沙袋手套的设计能够承受击打沙袋带来的巨大磨损。对于健身拳击训练，一副质量过硬的沙袋手套非常有必要。

拳击手套能够为手腕和指关节提供保护。戴上手套后要确保手套里有足够的空间，不会影响血液循环。手套要贴合双手，这样戴着才舒服、牢固。尼龙搭扣能给手腕提供更多的支撑，而且穿戴很方便。手套通常由皮革或合成材料制作而成，许多高品质的手套具有吸汗的特性。

个人的喜好决定了对手套质量的选择，手套的质量为 0.28~0.45 千克。手套的舒适感非常重要，手套中还要有足够的填充物来吸收击打沙袋时产生的冲击力。

戴沙袋手套击打沙袋

第3章 沙袋训练

　　虽然健身行业一直在努力创造最新、最先进的训练设备，以期在最短的时间内取得显著的效果，但是沙袋、梨形速度球、双头速度球的简单设计让这些传统训练装备永远不会过时。你很难再找到一种比沙袋训练更让人活力十足的训练方式了。

　　拳击的起源很早，现在已经发展成一项极为复杂的格斗运动科学。拳击比赛是运动员在技术、天赋和精神等多方面的综合比拼。

——塞尔吉奥·马丁内兹
拳击世界冠军

　　健身拳击训练运用现代研究成果和知识，为人们提供新的训练方法、训练方案和训练技术，以创造最有效的训练。沙袋、梨形速度球和双头速度球的训练能够帮助训练者快速提高技术能力和体能。沙袋训练不仅能帮助你最大限度地释放情绪，而且能帮助你提高肌肉力量和耐力；梨形速度球训练能帮助你提高速度和手眼协调能力；双头速度球训练能帮助你检验和提高灵敏性，缩短反应时间。

沙袋概述

　　沙袋在拳击训练中具有传奇的地位，是培养世界拳击冠军最重要的训练器材之一。不同的组合拳都可以在沙袋上练习，这使得沙袋训练充满了创造性。沙袋训练是一项非常特别的训练内容，能够给有氧代谢供能系统、无氧代谢供能系统等带来巨大的挑战，也是健身拳击训练中最重要的部分。

　　沙袋就是你的"对手"。不要把它当作一个物体，而是要对它充满敬意，把它想象成一个非常具有挑战性的对手，一个会随时向你发起攻击的对手。记住，我们要进行的是拳击训练，所以假想对手非常重要。面对沙袋移动和出拳的时候要假想对手就在面前。训练开始前要充分地热身，做好和对手对抗的准备，这个对手就是沙袋。

　　如果你在空击训练、对着镜子训练和基本功训练中投入了大量的时间，你将顺利地过渡到沙袋训练。有一句古老的拳击格言："拳台上没有站着不动的拳手。"你在沙袋上练习组合拳时也要不断地移动、侧闪、下潜。你要像在拳台上比赛一样进行沙袋训练，出拳要精准，要有耐心，要有清晰的目标。

　　有时我仅仅关注技术动作，尽可能让技术更加完美。而有时我会尽全力去击打沙袋。

——塞西莉亚·布莱科豪斯
女子次中量级世界冠军

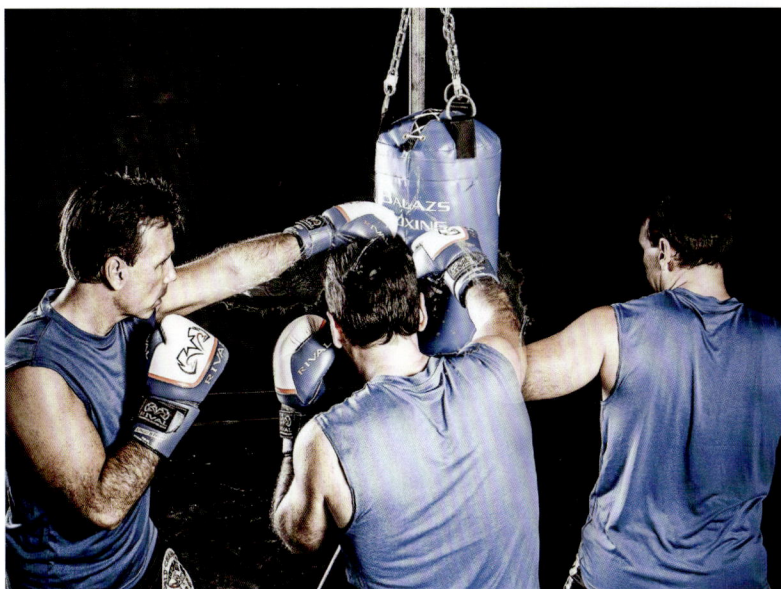

出拳要精准，要有耐心，要有清晰的目标

不管是在家、在健身房还是在拳击俱乐部里训练，你可以选择不同种类的沙袋来满足各种各样的训练需求。

合成的乙烯基涂层的沙袋可以承受重击，但是我们发现高质量的皮革沙袋是最耐用的。沙袋的牢固程度取决于内部填充物的密度和外部的材质。你在家进行沙袋训练应选择高质量的沙袋。

悬挂式沙袋

根据你的训练需求、训练经验、体重、身高和出拳力度来选择沙袋的大小。初学者开始训练时，30 千克的悬挂式沙袋是一个比较好的选择。悬挂式沙袋的质量为 20~110 千克。沙袋越重，被击中时的移动就越少，给你的训练增加的难度就越大。

立式沙袋

立式沙袋最重可达 180 千克，这是为了防止沙袋被击倒。这种沙袋移动方便，可以自由摆放在不同的训练区域。很多运动用品商店里都可以买到立式沙袋。立式沙袋的缺点是缺少悬挂式沙袋的摆动，而摆动能够使训练者跟随沙袋移动，从而掌握出拳的时机。

沙袋基础训练

实战姿势

缠好绷带、戴上拳击手套之后，站到沙袋前保持好实战姿势。伸直左臂，手腕伸直，用指关节触碰沙袋。后撤一步，左手大约距离沙袋15厘米远。沙袋训练就是在这个距离的基础上开始的。拳头接触沙袋的瞬间要握紧。你围绕沙袋移动时要放松。如果你持续握紧拳头，过于紧张的状态则会浪费体能。

制造空间

通过训练确定自己的最远攻击距离。打出几次刺拳，确保手臂充分伸直，拳击手套接触沙袋的中间位置。不要站得离沙袋太近，始终和沙袋这个想象的对手保持恰当的距离。通过脚下的移动控制进攻的距离，目标是始终和沙袋保持让自己能够顺畅实施进攻的距离。

击打距离

注意你与沙袋之间的距离，要始终让沙袋在你的视线范围内。沙袋移动的时候，你要随着沙袋一起移动，与沙袋始终保持一臂左右的距离。左刺拳是"测量距离的工具"，你可以通过左刺拳感知其他拳法的击打距离。右直拳能够为一些近距离的拳法做好准备，如平钩拳和上钩拳。你可以利用移动来缩短与沙袋的距离并进行击打。

保持防守姿势，准备好出拳

左刺拳是"测量距离的工具"

正确的击打技术

击打要干脆利落，击打的位置是沙袋的中间。打出左刺拳和右直拳的时候，手臂在打到目标时几乎是完全伸直的。一旦拳头接触沙袋完成击打，双手要迅速回到防守姿势以做好下一次击打的准备。出拳要迅速和有爆发力，要使沙袋振动。如果你的拳头在沙袋上停留的时间太长，就说明你是在推动沙袋，你的出拳就绵软无力。脖子、肩膀和手臂保持放松才能保证出拳迅速且有爆发力。切记，不要为了追求击打力量而牺牲技术动作的准确性。刚开始训练时，出拳要尽量轻、快，然后逐渐增加出拳的力量。

右直拳

右上钩拳

左平钩拳击打沙袋中部

移动

围绕沙袋移动并控制距离，不断地上步出拳，击打完之后迅速后撤，这种练习方式被称为"打完就走"。核心肌群在击打沙袋时要收紧，手在击打完之后要快速回到防守姿势。出拳时，重心落在脚掌上以控制身体平衡，这个姿势为完成最大力量的击打提供了稳定的基础。你要始终保持脚掌着地而不是全脚着地，这样才能做好向各个方向移动的准备。你一旦通过左刺拳确定了进攻的距离，就可以尝试打出右直拳和 1–2 组合拳。

沙袋被你击中时会自然地晃动。当你围绕沙袋移动时，你要掌握好沙袋晃动的时机来出拳。脚步的移动和沙袋的晃动要协调一致。你要在沙袋摆向自己时出拳击打它。出拳不干脆、推动沙袋会让沙袋产生不必要的晃动。你在沙袋摆向远离自己的方向时进行没有章法的击打也会让沙袋不受控制地乱晃，这样你永远也找不到出拳的节奏。技术动作正确、干脆利落的出拳不会让沙袋产生大幅度的晃动。

专注是为了保证技术动作正确、全力地完成一整个回合的训练。全力完成 3 分钟的击打，在回合之间休息 1 分钟。在进行这种间歇训练时，你可能在前 30~40 秒会尽全力击打，而在剩余时间因疲劳而无法坚持。真正的拳击比赛不会有静止不动的情形，所以你在打沙袋的时候要不停地移动，模拟真实比赛时的状态。努力找到适合自己持续进攻的节奏，坚持完成一整个回合的训练。

正确的呼吸

身体在击打沙袋时会不自然地紧张，这会导致你不自觉地屏气。因此，你在击打沙袋的时候要放松，出拳时呼气，收拳时吸气，以便为肌肉提供足够的氧气。正确的呼吸对有氧运动来说非常重要，而且能够使出拳的力量增加。

在观看一名拳击手的训练或一场拳击比赛时，你会发现拳击手在出拳时经常会有短促的呼气。你在出拳时应用鼻子呼气，紧闭嘴巴以免被对手击中下颌。拳击手也会感觉用鼻子呼吸时，出拳的力量会增大，但是还没有科学的研究成果来对这种说法进行解释。你要找到适合自己的呼吸节奏，出拳时呼气，收拳时吸气。

练习组合技术

在练习中改变出拳的节奏、速度和组合方式，想象对手的进攻而完成侧闪或者下潜，然后立即出拳进行反击。侧闪和下潜能够增加躯干的力量，提高平衡能力。你不光要进攻对手的头部，还要进攻对手的躯干。打出右直拳之后尝试接平钩拳和上钩拳，移动至进攻距离完成击打，然后立刻离开。在整个回合的训练中要不停地移动，找准节奏，大量地出拳。

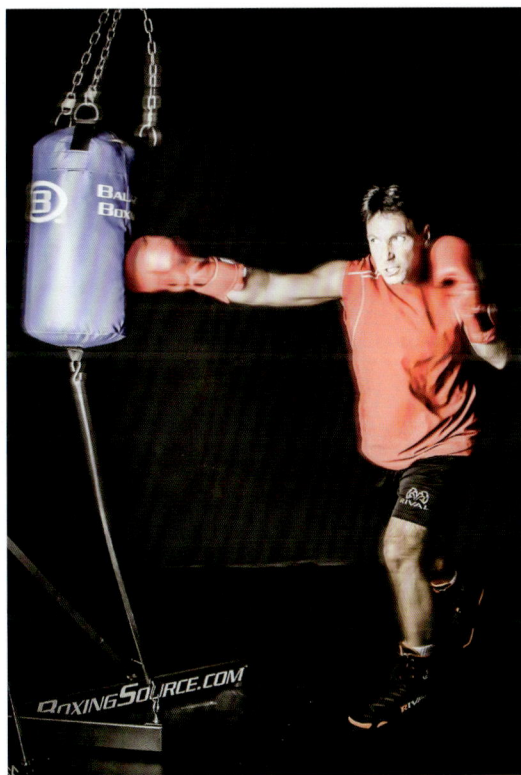

大量地出拳

沙袋训练的要点

· 将注意力集中在技术动作的准确性上。

· 确保你与沙袋之间有大约 1 记左刺拳的距离。在打出右直拳时，手臂要完全伸直。

· 因为拳手在拳台上不会保持静止不动，所以你在训练时要不断围绕沙袋移动。

· 出拳要干脆有力，以防止沙袋大幅度地晃动。在沙袋摆向自己时找准时机出拳。

· 出拳之后，手不能放得太低，否则不能顺利完成后续的拳法。

防守动作

为什么要在沙袋训练中加入防守动作呢？把组合拳练习和防守动作结合在一起训练，为健身拳击训练提供了更多的训练维度。侧闪和下潜动作需要核心肌群和下肢肌群的参与，能够最大限度地锻炼这些肌群。

假想对手

在训练时，要假想你面前有一个对手。一个假想的对手能够让你的训练更加有趣，还能够激发你的训练动机。防守动作除了通过沙袋进行训练，还可以通过手靶进行训练（见第 4 章）。

侧闪

如果你在空击训练时练习了侧闪，将其加入沙袋训练就很容易。做好防守姿势，想象对手用左刺拳向你进攻，你向右侧闪来躲避对手的左刺拳，眼睛要始终盯住对手，侧闪之后可以用右直拳朝对手的躯干进行反击。想象对手用右直拳向你进攻，你向左侧弯曲膝关节，降低身体以侧闪对手的右直拳，然后用左平钩拳进行反击。

侧闪左刺拳

下潜

　　下潜防守需要臀大肌、股四头肌和核心肌群的共同参与能够带来很好的健身效果。下蹲，降低身体高度，身体重心从一侧转移到另一侧，在对手的拳头下方移动以躲避攻击。向左下潜躲闪的时候，用左平钩拳进行反击；向右下潜躲闪的时候，用右平钩拳进行反击。

下潜躲闪对手的左平钩拳

格挡

　　格挡并不具备健身的效果，但是能够带来真实的对抗体验。双手保持防守姿势，拳套贴近头部，想象对手用左平钩拳进攻，你用右手进行格挡，随后用左平钩拳进行反击。想象对手用右直拳进攻，你用左手进行格挡，随后可以用右上钩拳击打对手的躯干进行反击。

格挡对手的进攻

沙袋组合拳训练

基本组合

2 记或 3 记左刺拳

打出 2 记或 3 记左刺拳，不要过分在意出拳的力量。第 1 记左刺拳要有力，以确定自己的位置，第 2 记或第 3 记左刺拳要轻快，2 记左刺拳之间不要停顿。第 2 记和第 3 记左刺拳在上一拳收回 1/3 时就要打出。出刺拳的目的是使对手失去身体平衡，为接下来打出更多、更有力的拳做好准备。

弯曲膝关节出拳

左刺拳击腹—左刺拳击头

降低重心，快速向前上步，向"对手躯干"的位置打出左刺拳。随后立即起身，用左刺拳击打"对手头部"的位置。第二拳打完之后快速后撤远离沙袋，做好打出下一组组合拳的准备。击打"对手躯干"时，击打的目标在沙袋中间偏下的位置。

1-2 组合拳

这组经典组合拳是拳击手使用最多的。快速打出 1 记左刺拳之后，紧跟着打出 1 记右直拳。打完之后要迅速回到防守姿势，向后撤步离开，做好打出下一组组合拳的准备。多打几次 1-2 组合拳，分别击打"对手的头部和躯干"。击打"对手躯干"时，弯曲双腿以降低重心，击打沙袋的中间位置。如果你的重心较高，此时击打"对手躯干"意味着你是向下出拳，这样会降低出拳的效果，并且露出破绽。确保双手在击打过程中始终保持正确的防守姿势。

1-2 组合拳—平钩拳

快速向前上步打出 1-2 组合拳（左刺拳—右直拳），此时你的身体已经处于打左平钩拳的有利位置，所以迅速打出左平钩拳完成组合动作的练习。打完之后远离沙袋，准备打出下一组组合拳。

3 记左刺拳—右直拳—左平钩拳

降低身体重心，朝沙袋的中部打出轻快的 2 记左刺拳，再起身向"头部"打出 1 记有力的左刺拳，随后用右直拳击"头"。转身移动之后向"头部"打出左平钩拳。

左刺拳—右侧闪—右直拳—左平钩拳击腹

首先用左刺拳击"头"；想象"对手"打出左刺拳，向右侧闪；身体立刻回正，同时打出右直拳击"头"；靠近"对手"之后用左平钩拳击打"对手躯干"。确保侧闪的时候双手举高，以脚掌为轴心转动身体，转移重心，以增加出拳的力量。

左刺拳—右上钩拳—左平钩拳—近距离右直拳

先用左刺拳击"头"，接着向前上步用右上钩拳击打"对手躯干"，再用左平钩拳击"头"，最后在近距离用右直拳击"头"。

进阶组合

1-2 组合拳—2 记左平钩拳

降低身体重心，迅速向沙袋的中部打出 1-2 组合拳；随后向"对手躯干"快速打出左平钩拳；立刻起身向"对手头部"再次打出左平钩拳。2 记左平钩拳之间的节奏要快，不能停顿。

左刺拳假动作—右直拳—左平钩拳—右直拳

先假装向前打出左刺拳，之后立刻收回左手，打出右直拳。随后向"对手头部"打出左平钩拳，最后以右直拳击"头"结束组合练习。假动作是为了迷惑对手，让对手误判你的进攻动作，所以你在做假动作时要快、不被察觉、具有欺骗性。在其他组合拳的练习中也可以加入假动作。

高密度进攻

高密度进攻的出拳要轻快、干脆，出拳的数量要多，通常 1 次进攻要打出 4~6 记拳。因为出拳的速度很快，所以几乎没有时间选择最有利的位置出拳，这时只需要自然流畅地出拳就可以了。

制订每个回合的沙袋训练目标

在第 1 个回合，你可以想象自己正面对一个不停移动、难以捉摸的对手。当你面对这种类型的对手时要思考出拳的策略，尽量多打出刺拳来为重击制造机会。

在第 2 个回合，你可以想象自己正面对一个攻击性很强的对手，他给你造成了很大的压力。这个回合你就要以防守为主，多做侧闪、变向移动、下潜等防守动作，并在防守之后迅速做出反击。

在第 3 个回合，你可以想象自己是一个擅长近距离格斗的拳击手，多用平钩拳等近距离拳法，全力击打沙袋。

如果你特别喜欢一名拳击手，那么可以想象自己正在和他在拳台上比赛。想象他的技术特点，利用移动来躲闪他的进攻，用自己擅长的组合拳进行反击。

<table>
<tr><td align="center">沙袋组合拳训练的要点</td></tr>
<tr><td>

· 沙袋训练要像在拳台上比赛一样。

· 按照身体运动的规律设计组合拳，这样才能在出拳时保持身体平衡。

· 围绕沙袋移动，自己的节奏要与沙袋的晃动协调一致。

· 在沙袋训练中加入侧闪和下潜动作。

· 脚掌着地会使动作更加放松、流畅，一定不能让整只脚都着地。

</td></tr>
</table>

沙袋训练方法

　　下面介绍的是一些训练效果非常好的方法。你在进行任何训练前都要充分热身，至少选择一种训练方法并将它纳入自己的健身拳击训练计划中。随着你的体能水平的提高，你可以逐渐增加 2~3 种训练方法。

沙袋阶梯训练方法

　　这个训练方法要求快速地使用直拳击打沙袋，两组进攻之间围绕沙袋进行短暂的移动。

第一阶段

　　开始时尽可能快地打出 12 记左刺拳，打完之后围绕沙袋移动 5~8 秒，双手举高，频繁变换移动的方向；完成移动之后回到进攻范围内，快速打出 11 记干脆利落的左刺拳；再次围绕沙袋移动，然后打出 10 记左刺拳。每组进攻减少 1 次出拳，直到只打出 1 记左刺拳为止，结束第一阶段的训练后休息 1 分钟。

快速打出左刺拳

第二阶段

从 1–2 组合拳（左刺拳—右直拳）开始第二阶段的训练。打出 12 组 1–2 组合拳，然后围绕沙袋移动变向。随后打出 11 组 1–2 组合拳，直到只打出 1 组 1–2 组合拳为止。

速度出拳训练

有很多训练方法相对于技术方面的要求来说，对于体能的要求反而更高。速度出拳训练就是一项典型的针对体能的训练方法，会给上肢肌肉和心肺系统带来巨大的挑战。速度出拳训练要求在一定的时间内快速而连续地出拳，结束出拳之后进行短暂的休息。尽可能多地出拳，之后休息，然后重复训练。速度出拳训练体现了真实比赛的出拳要求和休息时间的分配。

在速度出拳训练中，不涉及步法移动的问题，所以训练时不用保持实战姿势。面向沙袋放松站好，两只手臂到沙袋的距离相同，站立的位置和沙袋之间的距离要求是手臂伸直时刚好与沙袋接触，整个训练过程都要保持这个距离。核心肌肉收紧，身体重心稍微靠前，重心落在脚掌上，放松站立。以 1–2 组合拳、1–2 组合拳的节奏持续不断地击打沙袋，不能停顿，控制好呼吸的节奏。

出拳 15 秒，休息 15 秒，如此重复 3 次。当你的体能水平提高之后，你可以在每次训练时增加 5 秒的出拳时间，直到增加至 30 秒。2 次击打之间的休息时间与击打沙袋的时间一致。由于心率加快，所以休息的时候也要保持活动，可以放松地走动。在训练时要保持呼吸的节奏。每次训练 3 个回合。

初学者进行速度出拳训练的范例：出拳 15 秒，休息 15 秒；出拳 15 秒，休息 15 秒；出拳 15 秒，休息 15 秒。

地狱 30 秒

这个极具挑战的训练被分为 3 个部分，每个部分 30 秒，重复 2 次完成 1 个回合的训练（3 分钟）。

第一个 30 秒：出拳和移动

以实战姿势站立，组合所有拳法（左刺拳、平钩拳、交叉拳等）快速击打沙袋（围绕沙袋一边移动一边打出组合拳）。

第二个 30 秒：高抬腿跑 + 出拳

面对沙袋站立，不停地一边做高抬腿跑一边出拳击打沙袋。

第三个 30 秒：重拳

回到实战姿势，全力击打沙袋，就好像要一拳击倒对手一样。使用正确的技术，尽可能多地出拳。

出拳和移动

做高抬腿跑 + 出拳时，双手要不断地出拳

做高抬腿跑时，膝关节要抬高

打出重拳

出拳＋俯卧撑训练

在沙袋上打出 1–2 组合拳，再迅速趴下完成 1 次俯卧撑，然后快速起身再打出 1 组 1–2 组合拳。这个训练会使上半身的肌肉疲劳。出拳和俯卧撑的技术动作都要正确。戴着手套做俯卧撑，要注意手腕伸直，身体的重量落在指关节上，身体伸直，核心肌肉收紧。由于心率升高，所以不要憋气，尤其是在做俯卧撑的时候要保持好呼吸的节奏。重复练习 1 分钟。

打出左刺拳

俯卧撑撑起部分

俯卧撑俯卧部分

如果你做全身俯卧撑感觉比较困难，则可以用跪姿俯卧撑来代替。

跪姿俯卧撑

梨形速度球训练

走进任何一家拳击俱乐部，你都能听到梨形速度球被击打的声音在空中回荡。这种熟悉的"嗒、嗒、嗒"的声音是梨形速度球被击打时所特有的，是一种鼓舞人心的独特声音。

击打梨形速度球要既快又准，对上肢的耐力要求很高。训练的重点是让梨形速度球恰当地摆动起来。梨形速度球训练能够有效提高手眼的协调性。通过不断地训练，你就能自然地找准击打梨形速度球的时机。

虽然你在刚开始击打梨形速度球的时候会感到非常别扭，但是这个过程是非常有价值的。坚持练下去，你的出拳速度、上肢力量和手眼的协调能力将得到提高。

调整梨形速度球

梨形速度球悬挂在一个水平平台下，通过一个旋转接头连接，可以自由旋转。它的外部由皮革缝合制成，里面有一个气囊。市场上有各种尺寸的梨形速度球，小型的梨形速度球长约 10 厘米，它们的反弹速度快，从而给拳击手的训练增加了难度。大型的梨形速度球长约 20 厘米，它们的反弹速度比较慢，比小型的梨形速度球更容易被击中。

如果你使用的是一个小型的梨形速度球，那么你的眼睛应与梨形速度球的底部平齐。如果你使用的是一个大型的梨形速度球，那么梨形速度球应该在你的下颌上方 2.54~5.08 厘米的位置。一些悬挂式梨形速度球的平台是可以调节的，你可以将梨形速度球调整到适合你的高度。

平时多检查梨形速度球的充气量，球中的气要充足，但也不能太满。如果你击中梨形速度球有困难，那么可以释放一些气体以降低梨形速度球的反弹速度，从而使击打变得更轻松。

击打梨形速度球

击打梨形速度球的节奏被称为"三连拍节奏"，是指球被击打后会反弹 3 次，分别是向前—向后—向前，所以击打的节奏应该是"1、2、3"。击打时，梨形速度球会远离拳头，撞向平台的后侧（1）；之后梨形速度球反弹，撞向平台的前侧（2）；梨形速度球再次向远离拳头的方向反弹，撞向平台的后侧（3），这时就是再次击打梨形速度球的时机。

梨形速度球撞向平台后侧　　　　梨形速度球反弹　　　　　　　准备再次击打梨形速度球

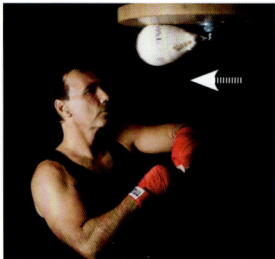

梨形速度球训练的步骤

第 1 步：面向梨形速度球站立，双肩到梨形速度球的距离相同，不需要保持实战姿势。双拳举到脸前，手臂弯曲，肘关节弯曲约 90° 放在身前，双拳距离梨形速度球为 15~20 厘米。

第 2 步：击打梨形速度球的中心位置，确保用指关节击打。注意，击打的时候不是在敲击梨形速度球，而是想象拳头要打穿梨形速度球。

拳头击打到梨形速度球之后立即沿弧线回到动作起始的位置。

第 3 步：重复按照"1、2、3"的节奏击打梨形速度球，双手始终位于脸前。通常情况下，你在击打梨形速度球的过程中换手击打会破坏击打的节奏，从而影响训练效果，因此你可以在刚开始训练时先用一只手击打 6~8 次，熟练了之后再换另一只手训练。每个人都有一只惯用手，应先坚持用惯用手练习，再用非惯用手练习，直到两只手的能力一样。逐渐减少单手击打的次数，把重复的次数减少到 4 次，再减少到 2 次，最后是 1 次。

第 4 步：双手轮流击打。当一只手与梨形速度球接触时，另一只手立即伸出来击打梨形速度球。重复这种快速的循环击打方式。随着击打的速度越来越快，双臂做圆周运动的幅度会越来越小。双手轮流击打非常具有挑战性，因为快速的击打要求你快速地做出反应。

专注挥拳

是否用指关节击打梨形速度球、击打的力度、击打的频率等因素都会影响你对梨形速度球的控制。如果击打的频率太快，梨形速度球摆动的节奏就会混乱，从而影响击打效果；如果击打的频率太慢，则击中的可能是梨形速度球的底部。刚开始训练时，你可以只用中等力度击打梨形速度球，等掌握了击打节奏后再加大击打力度。

聆听节奏

当你击打梨形速度球的速度很快时，眼睛的速度会跟不上球的移动速度，这个时候你可以听梨形速度球反弹的声音。梨形速度球反弹的"三连拍节奏"的声音很独特，集中注意力听这个声音，你就能流畅地完成击打训练。第一声是梨形速度球撞击平台后侧的声音，第二声是梨形速度球向前反弹撞击平台前侧的声音，第三声是梨形速度球再次反弹撞击平台后侧的声音。

当你熟练掌握了击打梨形速度球的技术之后，就可以加快出拳的速度。护手绷带可以为手提供保护。如果手需要更多的保护，就可以佩戴梨形速度球训练手套。这种手套有一个平坦的击打表面，并且有衬垫提供额外的保护。

张开手训练

　　如果你很难控制梨形速度球，那么可以张开手训练，逐渐提高对球的控制能力。让梨形速度球自然下垂，双手前伸时与球的距离相同。双手张开，手掌朝向梨形速度球，然后用手向前拍击梨形速度球的中心。手指张开能够增加手与梨形速度球的接触面积，帮助你更好地控制梨形速度球。让梨形速度球以笔直的摆动方式与指尖分离，然后把双手沿直线收回。张开手训练能够降低初学者训练时的难度，帮助其适应"1-2-3"的击打节奏，但应按照前述的4步进行。

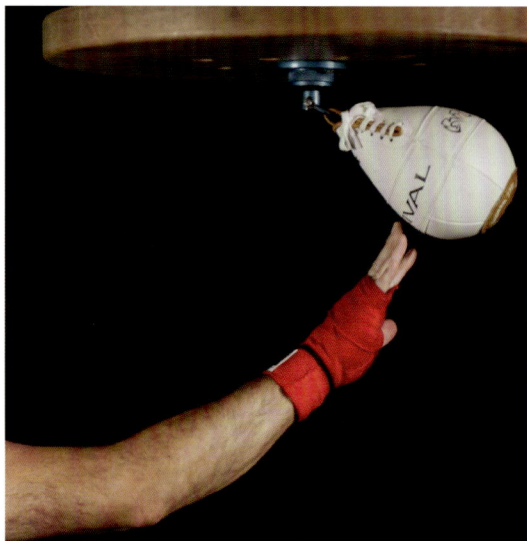

张开手训练时，利用手指控制梨形速度球

梨形速度球组合训练

　　击打4次：每只手连续击打4次能够帮助你建立正确的节奏感。

　　击打2次：每只手连续击打2次意味着换手的频率更快了。

　　击打1次：双手交替击打。左、右手的交替既要快又要流畅。

移动击打：一边围绕平台移动一边击打梨形速度球，尽量使梨形速度球稳定地摆动。

自由击打：轻松完成从多次击打到单次击打的变换，改变击打的速度和节奏。完成 15~20 秒的全力击打之后再用原来的速度和节奏击打。你可以把不同的方法综合起来练习。

梨形速度球训练的要点

· 梨形速度球训练的正确站姿：双脚分开与肩同宽，身体面向梨形速度球站立，双手到梨形速度球的距离相等。
· 击打时，手臂做小的圆周运动。
· 双拳击打之后要回到原来的位置，手的位置过低会错过正确的击打时机。
· 轻轻击打梨形速度球可以很好地控制它。
· 击打梨形速度球的中间部分，不能过高也不能过低。

使用小型的梨形速度球训练能够增加挑战性，提高灵敏性和手眼的协调性。变换击打的速度，快慢交替。掌握了正确的节奏之后再开始围绕梨形速度球移动并出拳。

双头速度球训练

双头速度球的运动轨迹模拟的是真实对手的运动轨迹，它的移动能够帮助你缩短反应时间，快速调整出拳的节奏和防守动作。双头速度球被击打时会前后任意摆动。

双头速度球也被称为"天地球"，是用皮革制成的圆形、轻便、可充气的球，用蹦极绳或减震绳系住，一头垂直悬挂在天花板上，另一头固定在地板上。双头速度球有不同的尺寸。击打小型的球更具挑战性。双头速度球反弹的速度和摆动的幅度受减震绳张力的影响。

双头速度球训练既能提高组合拳技术动作的速度和准确性，还能在没有搭档的情况下高效地练习防守技术，如侧闪。双头速度球训练的目标是提高协调性、反应速度、掌握节奏的能力和灵敏性。

　　击打双头速度球时最好戴上拳击手套，因为拳击手套能够带来更大的接触面，从而更好地控制球的运动，而且还能保护双手。双头速度球在被击打后会快速地移动，然后朝向你反弹，所以你的双手要保持防守姿势，防止球反弹回来时撞到你的面部。针对反弹回来的速度球，你既可以击打，也可以躲闪。

开始训练

　　以实战姿势站立，手举高，与球相距大约一个左刺拳。与球保持距离，以防止球反弹回来时撞到自己。先打出几次左刺拳，逐渐熟悉球反弹的规律，如反弹的角度和速度，这看起来就好像球有自己的思想一样。

　　击打球中间的位置。如果球摆向一侧的话，就表明你没有击中球的中间位置。双头速度球应该只会前后运动，而不会左右摆动。你首先要掌握正确的节奏，在练习组合拳之前熟悉用直拳（左刺拳和右直拳）击打双头速度球时球的运动规律。

开始双头速度球训练之前要集中注意力，做好移动的准备

基本击打组合

2 记左刺拳

快速打出 2 记左刺拳。第 2 记左刺拳要在双头速度球反弹的时候完成。随后重新准备完成第 2 组击打。

1–2 组合拳

快速击打一组 1–2 组合拳（左刺拳—右直拳）。用左刺拳打中双头速度球之后，在双头速度球没有完全反弹之前打出右直拳。用 1–2 组合拳击打双头速度球的难度更大一些，因为你需要更快地做出反应。左、右手的交替要顺畅，击打的位置始终是球的中间。

目标在球的中间位置　　　出拳干脆利落　　　侧闪时，眼睛始终盯着球

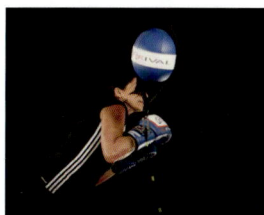

1–2 组合拳—1–2 组合拳

开始练习 4 拳的组合技术，左刺拳—右直拳—左刺拳—右直拳。每一拳击打的位置都相同，两拳之间不要停顿以保证击打的连续性，这样才能始终控制双头速度球的运动。控制好自己的身体平衡，快速完成 4 拳的击打，然后回到准备姿势。重复动作，每次训练 60 秒。

左刺拳—左刺拳—右直拳、右直拳—右直拳—左刺拳

这组 6 拳的组合技术要求动作轻快、技术动作正确，而不要求过分关注力量。打出 2 记快速的左刺拳之后迅速打出 1 记右直拳，随后立刻打出 2 记右直拳，然后打出 1 记左刺拳。6 拳打完之后进行短暂的调整，然后重复训练。如果你完成这个组合的难度比较大，则可以把这个组合分为两个部分进行训练。先进行左刺拳—左刺拳—右直拳的训练，直到完全掌握这 3 拳的组合技术，然后进行右直拳—右直拳—左刺拳的训练。最后把这两个部分放在一起训练，训练 1~2 分钟。

基本侧闪组合

左刺拳 + 侧闪

先打出左刺拳，再随着双头速度球的反弹而快速向右侧闪，然后立刻回到初始位置准备下次出拳。这个训练模拟的是实战中面对对手的左刺拳进攻，你在做侧闪的动作时，双手举高，肘贴紧身体，眼睛盯着双头速度球。核心肌肉收紧，身体重心转移至右侧。反复训练，直至熟练掌握训练的节奏。

1-2 组合拳—侧闪

快速打出 1-2 组合拳，右直拳打中双头速度球之后迅速向左侧闪。这个组合里，双头速度球反弹模拟的是实战中对手的右直拳进攻。所以你的眼睛要盯着双头速度球，打完 1-2 组合拳后迅速后撤离开，回到防守姿势，做好下次进攻的准备。

双头速度球训练的要点
· 双拳举高保护下巴，肘关节贴紧身体，眼睛盯住目标。
· 要放松流畅地击打球的中部。
· 过于用力的击打会使双头速度球产生不规律的摆动，从而很难把握击打的节奏。
· 把力量和爆发力留到沙袋训练中使用。
· 练习侧闪时，头部和肩部的动作幅度不用太大，只要能躲避反弹而来的双头速度球就够了。如果躲闪的动作幅度过大，你的身体就会失去平衡，给对手发起反击创造了机会。
· 脚掌着地，以保持身体平衡。

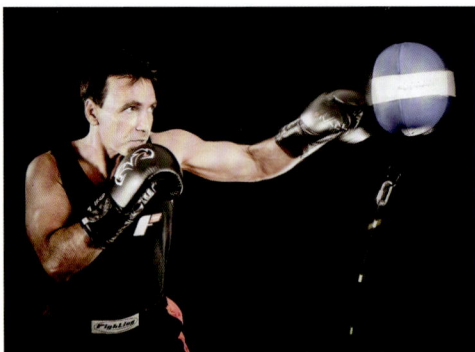

训练不同的组合技术

双头速度球自由组合训练

如果你想培养自己掌握节奏的能力和节奏感，那么每次在训练中都要进行双头速度球的训练。双头速度球是一种可以模仿与真实对手对抗的训练器材，它的持续摆动模拟了对手的移动和变向，球的反弹模拟了对手的出拳。你可以利用双头速度球有效地训练步法、变向和出拳速度，开发具有创造性的组合拳法和防守技术。双头速度球训练能提高你的反应速度和行动速度。将双头速度球训练与沙袋训练、梨形速度球训练结合在一起会让健身拳击训练内容变得更加丰富。

利用其他沙袋的训练

还有一些其他类型的沙袋可以在训练时使用，如悬挂式上钩拳沙袋、墙壁挂式勾摆沙袋等。

上钩拳沙袋

上钩拳是一种比较难掌握的拳法，而上钩拳沙袋就是一种能够有效训练这个近距离拳法的器材。上钩拳沙袋实际上就是水平悬挂起来的普通沙袋，其悬挂的角度能够让你有效地训练上钩拳。

面对沙袋以实战姿势站立，双膝微屈，核心肌肉收紧。击打沙袋时，确保用指关节击打沙袋的下方，交替训练左上钩拳和右上钩拳。打出左上钩拳时，重心转移至左腿，肘关节紧贴身体，膝关节弯曲；打出右上钩拳时，重心转移至右腿，肘关节紧贴身体，膝关节弯曲。交替训练左上钩拳和右上钩拳时，重心要在左右两腿之间不断转移，3 拳为一组，左上钩拳—右上钩拳—左上钩拳，暂停一下，然后右上钩拳—左上钩拳—右上钩拳，逐渐增加出拳的力度。出拳时不要紧张，也不要回拉手臂。

在上钩拳沙袋上同样可以进行上钩拳、平钩拳和直拳的组合拳训练。利用沙袋的底部训练上钩拳，利用沙袋的侧面训练平钩拳，利用沙袋的中间训练直拳。直拳能够为近距离拳法做好准备，因此训练的站位要离沙袋远一些，打完直拳之后迅速靠近沙袋，完成近距离的上钩拳，之后迅速和沙袋拉开距离。利用沙袋的两个侧面可以进行平钩拳的练习，向右移动打出右平钩拳，向左移动打出左平钩拳。

组合 1：左刺拳—左刺拳—右上钩拳

以实战姿势站立，向前上步的同时快速打出 2 记左刺拳，然后立刻接右上钩拳。重复练习。

组合 2：1-2 组合拳—左上钩拳

先打出 1-2 组合拳（左刺拳和右直拳），打完右直拳之后身体处于打出左上钩拳的最佳位置，因此立刻打出左上钩拳，随后撤离沙袋。重复训练。在此基础上还可以再加 1 记右上钩拳，即 1-2 组合拳—左上钩拳—右上钩拳。

组合 3：平钩拳—上钩拳

站在沙袋的右侧，先打出 1 记右平钩拳，紧接着打出 1 记左上钩拳。打出右上钩拳时转动前脚，打出左上钩拳时转动后脚。交换位置，向左移动打出左平钩拳，随后接右上钩拳。

左上钩拳和右上钩拳练习　　打完直拳后准备使用近距离的拳法　　利用沙袋两侧练习平钩拳

上钩拳沙袋训练的要点

· 确保拳头正对沙袋，肘关节贴紧身体两侧，向正上方出拳，用指关节击打沙袋。
· 弯曲膝关节，降低身体重心，蹬地发力向上出拳击打沙袋。
· 上钩拳要快且紧凑，手臂的动作幅度不能过大，不能挥摆手臂。

壁挂式勾摆沙袋

这种独特的壁挂式沙袋能够有效地进行不同角度的拳法训练，尤其是平钩拳和上钩拳。你可以在沙袋前移动进行组合拳的训练。击打位置是沙袋上正面和侧面的圆圈位置。这个器材帮助你有效地提高短距离拳法。

组合 1：左刺拳—左刺拳—左平钩拳—近距离右拳

用刺拳快速击打沙袋中间的位置，紧接着用左刺拳击打头部位置，最后以一个左平钩拳和右手的近距离拳法结束。

组合 2：左刺拳假动作—右直拳—左平钩拳—右上钩拳

先打出左刺拳假动作，然后向前上步的同时用右直拳击打头部，接着打出短距离左平钩拳，最后以右上钩拳结束。

组合 3："1–2"组合拳—左平钩拳—右上钩拳

用 1–2 组合拳击腹，左平钩拳击头，最后以右上钩拳结束。击腹时不要忘记降低重心。

击打圆圈位置

从不同的角度训练出拳

勾摆沙袋训练的要点
·　壁挂式沙袋是唯一静止不动的沙袋，所以训练的时候没有沙袋摆动或者晃动的情况，打完就走。你在出拳时要不断地移动，不断地靠近或远离沙袋。
·　要准确命中目标区域，不能打偏。

各种沙袋的独特性能和用途会对个人体能、专注程度、技术和身体带来不同的挑战，你在训练时要始终关注技术动作是否正确。只要你专注训练，挑战自我，那么掌握节奏的能力、手眼的协调性、灵敏性、速度、力量等都会很快得到提高。

第**4**章　手靶训练

　　在观看高水平拳击手训练时，你会发现他们的动作非常流畅、精准，而且节奏感很强，他们的进攻技术和防守技术极为精湛。手靶训练是在动态中进行的，是最接近实战的训练。你可以通过手靶训练提高力量、速度和出拳的精准性。

　　手靶又被称为目标靶、拳击靶、拳击手垫，是由皮革或乙烯基覆盖的高密度泡沫制成的手持带衬垫手套。手靶训练是由教练或搭档执靶，训练者完成击打的训练。执靶者在训练中给训练者下达清晰、准确的指令，训练者迅速完成击打。如果没有训练经验丰富的教练，那么你可以选择一名与你水平相当的人一起训练。团队协作是手靶训练的关键，一名训练者要同时完成两个角色的任务。

手靶训练能提高力量、速度，以及出拳的精准度

执靶基础

执靶者舒适地执靶，并且给训练者设定训练节奏，向训练者下达清晰的指令。特定的拳法和组合动作可以通过数字进行编码。执靶者的指令要清楚准确，并随时做好接拳的准备。执靶者发出指令，训练者准确地完成拳法。执靶者提前知道训练者即将使用的拳法能够让执靶者调整好接拳的角度，预测来拳的力度，通过"喂靶"的方式抵消来拳的力量。

在进行手靶训练时，执靶者双手的位置与实战防守姿势相似，掌心朝向训练者，做好接拳的准备。执靶者的肘关节微屈可以抵消一些对方来拳的力量。执靶者要保持身体、腿和脚稳定，保持实战姿势，眼睛盯着对手。执靶者和训练者在训练过程中要不断地进行沟通。

正确的执靶方式

执靶者的任务是使手靶位于合适的位置去接对方打出的拳，接直拳的时候使手靶面向训练者，接平钩拳的时候要向内旋转手靶，接上钩拳的时候要向下旋转手靶使其朝向地面。手靶的高度一般在肩部位置，但是执靶者可以根据训练者的身高稍微上下调整。执靶者和训练者都处于传统实战姿势时，执靶者用左手靶接左刺拳，用右手靶接右直拳，对于平钩拳和上钩拳也是一样。

执靶者通过向前接训练者的出拳，给训练者的击打提供动态的阻力、击打感、距离感，这被称作"喂靶"。这种接靶的方式能够帮助执靶者降低肩部受伤的风险。如果执靶者是右利手，那么左脚在前，左手靶做好准备（传统姿势）；如果执靶者是左撇子，那么右脚在前，右手靶做好准备（左撇子）。当传统姿势的执靶者和左撇子配合进行训练时，执靶者要模仿左撇子的姿势，右脚在前，用右手靶接训练者的左刺拳（右刺拳），用左手靶接训练者的左直拳；用右手靶接训练者的右平钩拳和右上钩拳，用左手靶接训练者的左平钩拳和左上钩拳。

击打基础

与搭档一起进行手靶训练能够让你在移动和快速反应的过程中对拳法进行纠正，使技术动作更加完美。与沙袋训练不同的是，在手靶训练中，执靶者模拟的是真实对手的移动。由于目标在不停地移动，所以训练者要根据执靶者的动作而不断地调整步法、身体姿势和出拳的时机等。

从实战姿势开始，训练者耐心等候执靶者的指令，确保与执靶者之间的距离（大约 1 记刺拳的距离）不影响出拳，做好根据指令出拳的准备。提高警觉，做好随时移动和出拳的准备。保持身体平衡，脚要有弹性，出拳的技术动作要正确、精准、快速。

执靶者与训练者的配合

执靶者要为训练者选择训练的组合动作，设定好每个回合的训练节奏。训练者要高度集中注意力，等候执靶者的指令。只有执靶者和训练者都全身心投入训练、相互配合才能确保训练安全进行，流畅地完成组合拳的训练。

所有组合拳训练都是在传统实战姿势的基础上完成的，训练者用左刺拳击打左手靶，用右直拳击打右手靶；用左平钩拳击打左手靶，用右上钩拳击打右手靶。

执靶者与训练者沟通出拳指令

基础训练

由单拳训练过渡到组合拳训练

执靶者和训练者之间要进行有效的沟通，始终都要将对方保持在自己的视线范围内。执靶者主导训练节奏，训练者跟随执靶者的节奏进行训练。可以按照以下单拳的顺序进行训练。

执靶者说"1"，训练者打出左刺拳。

执靶者说"2"，训练者打出右直拳。

执靶者说"1–2"，训练者打出左刺拳—右直拳。

执靶者说"1–2–3"，训练者打出左刺拳—右直拳—左平钩拳。

左刺拳

右直拳

左平钩拳

右上钩拳

　　执靶者说"1–2–3–4"，训练者打出左刺拳—右直拳—左平钩拳—右上钩拳。

　　在手靶训练初期，执靶者和训练者都要反复练习执靶和击靶，掌握正确的技术动作，提高反应速度，培养掌握节奏的能力和提高动作的流畅性。

"打完就走"

　　拳击手要不断地在进攻和防守之间转换，寻找机会完成进攻，然后快速撤离到安全的距离。这个"打完就走"的重点是训练者移动到合适的位置，与执靶者保持合理的距离时出拳，然后迅速撤离。你可以将 3 分钟的训练时间分解成 6 个 30 秒的间歇训练。先进行单拳训练，然后进行组合拳训练。

左刺拳（30 秒）

在第一个 30 秒，训练者打出左刺拳。训练者双手举高，保持防守姿势，向前移动的同时用左刺拳击打左手靶，打完之后迅速回到防守姿势，不断变换 2 次出拳之间的时间间隔。训练者的重点是找到合适的进攻距离，保持身体平衡，控制两脚之间的距离。执靶者的重点是控制好"喂靶"的角度，给训练者适当的阻力。执靶者要帮助训练者控制好出拳的节奏，不断地移动。

右直拳（30 秒）

在第二个 30 秒，训练者只打出右直拳，专注于靠近目标、出拳、撤离、准备下次进攻。利用后脚蹬地发力完成移动和出拳，然后迅速回到稳定的实战姿势。出拳时不要慌张。脚的动作和出拳一样非常关键，要不断尝试靠近或远离目标、向两侧移动。

1–2 组合拳（30 秒）

训练者朝执靶者上步，打出 1–2 组合拳，然后迅速撤离。执靶者要关注训练者完成击打之后其双手是否回到了正确的防守姿势，动作之间的衔接是否流畅。执靶者要时刻做好接靶的准备，接住训练者的 1–2 组合拳。

1–2–3 组合拳（30 秒）

训练者上步靠近执靶者，打出左刺拳，接右直拳，最后以左平钩拳结束。训练者打完平钩拳后迅速撤离，并围绕执靶者移动，重复训练。执靶者必须时刻以合理的角度做好接靶的准备。训练者的出拳要干脆、流畅。

1–2–3–4 组合拳（30 秒）

训练者上步打出左刺拳，接右直拳，然后接左平钩拳，最后以右上钩拳结束。训练者出拳时要轻快，将注意力集中在技术动作是否正确、拳法之间是否衔接顺畅上，完成最后的右上钩拳之后，迅速撤离，回到防守姿势。执靶者要控制好手靶的位置，提前做好接拳的准备。

4 拳自由组合（30 秒）

最后 30 秒进行快速的 4 拳组合训练，1–2、1–2（左刺拳—右直拳，左刺拳—右直拳），然后迅速撤离。训练者应专注于出拳速度，不需要太大的力量，出拳要干脆有力，双手始终举高做好保护。

基础训练的要点

· 每次进攻完成后都要迅速撤离至安全距离，准备下一次的进攻。
· 出拳力量不要过大，否则会导致出拳动作变慢，身体失去平衡。出拳的力量来自于正确的技术动作。
· 手靶训练的重要目的是提高速度和出拳的精准度，增加训练的趣味性。
· 执靶者接拳和"喂靶"的时候要稍微向前迎拳。手臂微微弯曲以缓冲来拳的冲击。
· 在进行手靶进阶训练之前，确保你已经熟练地掌握了基础训练方法。

进阶训练

手靶进阶训练能在一个可控的条件下模仿真实的对抗情景。进阶训练的内容更加复杂，增加了侧闪和下潜等动作。进阶训练要求执靶者和训练者的注意力高度集中，从而确保技术动作正确、出拳时机准确和训练安全。

高水平的拳击手会利用各种防守技术，如侧闪、下潜、格挡等技术应对对手的进攻。在训练中加入防守技术会使训练更加接近实战。我们在训练中主要训练 2 种最重要的防守技术，即侧闪和下潜。

侧闪

在拳击运动中，侧闪是一项最基本的防守技术。手靶训练是训练者掌握侧闪技术的完美工具，因为执靶者会在训练中戴着手靶模拟出拳来辅助你练习侧闪。在前期的空击训练、沙袋训练和双头速度球训练中，你已经练习过通过假想对手的进攻进行侧闪防守，这些练习为你在手靶训练中加入侧闪做好了准备。练习侧闪时要集中注意力，手始终保持防守姿势，腰部和膝关节微微弯曲，身体向左或向右移动以躲闪对手的进攻。手不能掉落，眼睛盯住目标，不要看地面。

执靶者在模拟打出左刺拳或右直拳时，速度要慢一些，力度要小一些，瞄准训练者的肩部而不是头部。执靶者要给训练者充足的时间躲避模拟进攻。

　　侧闪左刺拳：头部、身体、肩膀同时向右移动，重心稍微靠前，脚跟离地，重心有向后移动的趋势。

　　侧闪右直拳：头部、身体、肩膀同时向左移动。侧闪之后迅速回到实战姿势，眼睛盯住目标。

　　基本侧闪组合：1-2 组合拳—侧闪—侧闪。训练者先打出一组 1-2 组合拳（左刺拳接右直拳），随后执靶者立刻朝训练者的肩膀打出左刺拳和右直拳。执靶者要控制好动作，力度不要大。训练者先向右侧闪对手的左刺拳，随后立即向左侧闪对手的右直拳，重心的转移要流畅，核心肌肉收紧，手举高。

基本侧闪组合：训练者打出左刺拳

训练者打出右直拳

执靶者模拟打出左刺拳，训练者向右侧闪

执靶者模拟打出右直拳，训练者向左侧闪

侧闪的要点
· 避免过度侧闪。过度侧闪是指侧闪时身体摆动的幅度过大，身体过分偏向右或偏向左，从而失去平衡。 · 身体重心在两脚之间，脚掌着地，脚跟始终抬离地面。 · 执靶者和训练者的眼睛要始终盯着对方。 · 手掉落是左、右侧闪时非常容易出现的错误，训练者要确保双手在训练中始终保持防守姿势。

下潜

拳击手通常利用下潜来向下躲闪对手的挥摆进攻，如平钩拳。下潜时，快速弯曲膝关节，微微低头，降低重心，让手靶从头顶划过。下潜的动作类似深蹲，要弯曲膝关节使身体下降。

当执靶者模拟用左平钩拳进攻时，训练者从平钩拳下方向右转移重心进行躲闪；当执靶者模拟用右平钩拳进攻时，训练者从平钩拳下方向左转移重心进行躲闪。训练者的眼睛要始终盯住执靶者。训练者在下潜时身体不能前倾，只需微微弯曲膝关节，下潜结束后立刻回到防守姿势。

训练初期，执靶者模拟打出平钩拳时尽量打高一点，速度不要太快，以保证训练者有足够的时间完成下潜躲闪。随着训练者水平的提高，执靶者可以加快模拟打出平钩拳的速度，降低平钩拳的高度。

基本下潜组合：1-2 组合拳—下潜—右直拳。训练者用 1-2 组合拳击打手靶，执靶者模拟用左平钩拳反击；训练者双腿弯曲，从左平钩拳下方下潜；随后起身用右直拳击打手靶。训练者完成动作时，眼睛始终盯住执靶者。执靶者模拟打出平钩拳时要控制好动作，让训练者充分完成下潜。随着训练者出拳和下潜的时机把握越来越准确，执靶者可以逐渐提高训练的节奏。

训练者打出左刺拳

训练者打出右直拳

执靶者模拟打出左平钩拳，训练者下潜

训练者下潜躲闪执靶者的平钩拳

下潜时保持身体平衡

训练者打出右直拳

下潜的要点
· 在完成组合技术的过程中和完成组合技术之后都要始终盯住对手。 · 注意是通过弯曲膝关节降低重心而不是通过弯腰，否则身体会失去平衡，腰部的压力增加，同时影响与执靶者的眼神交流。 · 训练者的双腿要充分弯曲，确保能够躲闪手靶。 · 在镜子前进行空击训练时多练习下潜技术。

手靶组合训练

下面 6 组组合训练被分解为由易到难的几个步骤，你可以将下面这些练习加入训练计划中。记住，你在训练中要和搭档不断地沟通。

组合 1：左刺拳—左刺拳—右直拳

第 1 步：训练者在上步的同时打出左刺拳；第 2 步：继续上步再打出左刺拳；第 3 步：稳定重心后打出右直拳。

① 2 记快速左刺拳的第 1 记左刺拳

② 立刻打出第 2 记左刺拳

③ 打出右直拳

执靶者的动作要与训练者的动作协调一致。执靶者在这个训练中要随训练者的出拳而后撤。

组合 2：1–2 组合拳—侧闪—右直拳—左刺拳—右直拳

第 1 步：训练者在上步的同时快速打出 1–2 组合拳；第 2 步：执靶者模拟用左刺拳反击，训练者向右侧闪躲避攻击；第 3 步：训练者完成 3 拳（右直拳—左刺拳—右直拳）组合的反击。

训练者要牢记，双手在侧闪的时候要举高。

训练者打出左刺拳

训练者打出右直拳

执靶者模拟打出左刺拳，训练者侧闪

训练者打出右直拳

训练者打出左刺拳

训练者打出右直拳

组合 3：1-2 组合拳—1-2 组合拳—侧闪—侧闪—左平钩拳—右直拳

第 1 步：训练者打出 4 拳（左刺拳—右直拳—左刺拳—右直拳）；第 2 步：训练者侧闪躲避执靶者的左右 2 次手靶反击；第 3 步：训练者用左平钩拳和右直拳结束组合动作。

训练者快速打出左刺拳

训练者打出右直拳

③ 训练者打出第 2 记左刺拳

④ 训练者以第 2 记右直拳结束

⑤ 执靶者模拟打出左刺拳，训练者向右侧闪

⑥ 执靶者模拟打出右直拳，训练者向左侧闪

⑦ 训练者用左平钩拳反击

⑧ 训练者以右直拳结束组合动作

执靶者在模拟用左、右拳反击的时候，拍击训练者的左、右肩即可。

组合 4：上钩拳—上钩拳—上钩拳—左平钩拳—右交叉拳

第 1 步：训练者先打出右上钩拳，再打出左上钩拳，最后打出右上钩拳；第 2 步：训练者打出左平钩拳，最后以右直拳结束组合动作。

① 训练者打出右上钩拳

② 训练者打出左上钩拳

③ 训练者打出右上钩拳

④ 训练者打出左平钩拳

⑤ 训练者以右直拳结束组合动作

执靶者要调整好角度做好接训练者出拳的准备。

组合 5：1-2-3 组合拳—下潜—左平钩拳—右直拳

第 1 步：训练者打出 1-2-3 组合拳（左刺拳、右直拳和左平钩拳）；第 2 步：执靶者模拟打出右平钩拳从训练者的头顶摆过，训练者在平钩拳下方下潜躲闪；第 3 步：训练者用左平钩拳和右直拳反击。

① 训练者打出左刺拳

② 训练者打出右直拳

③ 训练者打出左平钩拳

④ 执靶者模拟打出右平钩拳，训练者下潜

⑤ 训练者下潜时眼睛要盯着执靶者

⑥ 训练者下潜结束后准备打出左平钩拳

⑦ 训练者打出左平钩拳

⑧ 训练者以右直拳结束组合动作

组合 6：左刺拳—侧闪—右交叉拳—左平钩拳

第 1 步：训练者打出左刺拳；第 2 步：执靶者立刻用左刺拳反击，拍击训练者的左肩；第 3 步：训练者迅速向右侧闪，转身打出右交叉拳，最后以左平钩拳结束，移动要快。

训练者打出左刺拳

执靶者打出左刺拳，训练者向右侧闪

训练者用右交叉拳反击

训练者以左平钩拳结束组合动作

　　所有组合技术在开始练习时要慢一些，然后逐渐加快速度。如果你练习以上组合时感到困难，就练习基本组合技术。注意力集中在如何干脆利落地击打手靶、保证技术动作正确和稳定上。

创造自己的组合技术

　　手靶训练是一种动态的训练，能够帮助你改进技术，提高上肢力量，既充满挑战又非常有趣。你可以先从基本组合技术练起，熟练掌握基本技术之后就可以在训练中增加一些复杂的动作，提高动作的完成速度。你通过本章中的手靶训练提高了技术水平之后就可以创建自己的组合技术了。你在创建组合技术时要注意动作衔接应遵循拳法和身体运动的逻辑规律。

你要根据个人的能力和技术水平对手靶训练内容进行调整，具体的方法是调整训练的强度和击打顺序。

手靶训练方案

下面的训练方案能够提高你的体能水平。你可以从中选择一种方法作为手靶训练的最后一项内容（如何制订一个完整的健身拳击训练计划将在第 9 章详细说明）。

阶梯训练

训练者打出一定数量的 1–2 组合拳后立刻在地板上俯卧，完成相同数量的俯卧撑。1–2 组合拳的击打要精准，在第 2 组练习之前要调整好身体姿态，做好准备，强度不需要太大。逐渐减少击打的次数。

例如，训练者连续打出 8 组 1–2 组合拳，完成 8 次俯卧撑；起身打出 7 组 1–2 组合拳，完成 7 次俯卧撑；打出 6 组 1–2 组合拳，完成 6 次俯卧撑；依此类推，直到只打出 1 组 1–2 组合拳和完成 1 次俯卧撑。

在这个训练中，戴着拳击手套完成俯卧撑，用指关节支撑，腰部挺直，手腕伸直，保持稳定。手套和护手绷带都能帮助手腕保持伸直和稳定。身体下降时，肘关节贴紧身体；身体放平时，腿伸直。这样可以增加俯卧撑的难度。新手可以做跪姿俯卧撑来降低难度。打出直拳时要有力。

快速完成从击打姿势到俯卧撑姿势的转换，这可以提高灵敏性和上肢力量。

体能水平相对较差的训练者可以先完成数量较少的 1–2 组合拳和俯卧撑，以下可供选择。

基础水平：完成 6 组 1–2 组合拳和 6 次俯卧撑，总共完成 21 次击打和 21 次俯卧撑。

中级水平：完成 8 组 1–2 组合拳和 8 次俯卧撑，总共完成 36 次击打和 36 次俯卧撑。

高级水平：完成 10 组 1–2 组合拳和 10 次俯卧撑，总共完成 55 次击打和 55 次俯卧撑。

训练者打出左刺拳

训练者打出右直拳

训练者做俯卧撑

训练者保持正确的俯卧撑姿势

高强度手靶训练

高强度手靶训练的目的是提高训练者的耐力水平。这个训练要求训练者快速完成一组直拳、平钩拳和上钩拳的击打，同时完成侧闪和下潜。训练者要将注意力集中在完成动作的速度和技术的准确性上。

执靶者

执靶者接拳时不需要保持实战姿势，正对训练者站立即可，注意接拳时保持手靶的角度正确。接直拳时，让手靶正面朝向训练者；接平钩拳时，让手靶向内旋转；接上钩拳时，让手靶朝向正下方。

　　执靶者同样要帮助训练者进行侧闪和下潜的训练。在训练者打完第一组组合拳时，执靶者模拟用左直拳和右直拳进行反击，拍击训练者的肩膀；在训练者打完第二组组合拳时，执靶者模拟用左平钩拳和右平钩拳进行反击，从训练者头顶摆过，训练者下潜进行躲闪。

训练者

　　训练者不必保持传统实战姿势，手保持防守姿势即可，身体重心略微靠前，尽可能快地出拳，始终要注意技术动作是否正确。先练习左直拳和右直拳，充分伸直手臂。练习一段时间的直拳之后再进行一段时间的平钩拳练习，最后练习上钩拳。3 种拳法的击打连续进行，中间不停顿。这是第 1 组训练。

　　尽管这是一项以体能为主的训练，需要快速地完成动作，但是仍然要关注技术动作是否正确。打出直拳时充分伸直手臂，打出平钩拳时转动身体，打出上钩拳时内收肘关节。

① 训练从打出左直拳和右直拳开始

② 出拳尽可能快

③ 快速打出左平钩拳和右平钩拳

④ 关注出拳速度

⑤

快速打出上钩拳

⑥

技术动作要正确

⑦

执靶者模拟打出左直拳和右直拳，训练者侧闪

⑧

训练者双手保持防守姿势

⑨

执靶者模拟打出左平钩拳和右平钩拳，训练
者向左、向右下潜

⑩

训练者下潜躲闪左平钩拳

⑪ 训练者下潜躲闪右平钩拳

⑫ 训练者下潜时重心落在脚掌上

在 2 组组合训练之间进行侧闪的训练。侧闪让 2 组训练之间有了一个短暂的休息时间，还能够保持心率平稳。身体的摆动还能够提高核心肌群的力量。

第 2 组训练重复第 1 组的训练内容，首先打出左直拳和右直拳，然后打出左平钩拳和右平钩拳，最后打出左上钩拳和右上钩拳。第 2 组训练结束之后做下潜训练。下潜训练能够提高下肢肌肉和核心肌群的力量。

高强度手靶训练范例如下。

第 1 组：左直拳和右直拳，20 秒；左平钩拳和右平钩拳，20 秒；左上钩拳和右上钩拳，20 秒；侧闪，20 秒。

第 2 组：左直拳和右直拳，20 秒；左平钩拳和右平钩拳，20 秒；左上钩拳和右上钩拳 ，20 秒；下潜，20 秒。

完成 2 个循环的训练之后，训练者和执靶者交换角色进行训练。训练间歇时间 20 秒。随着你的体能水平的提高，训练时间可以延长至 30~40 秒。

手靶训练 + 卷腹训练

这个 2 分钟的协同训练对核心肌群是一个巨大的挑战。训练者从卷腹的姿势准备开始训练，平躺在地面上，膝关节弯曲，双脚放在地面上。执靶者双腿微微弯曲站立，将手靶放在适当的高度接拳。

　　训练者戴着拳击手套，第一个 20 秒完成 1 次完整的卷腹，然后快速打出 4 记直拳（左、右、左、右），完成击打之后回到仰卧姿势；第二个 20 秒在完成卷腹的同时打出 4 记平钩拳；第三个 20 秒在完成卷腹的同时打出 4 记上钩拳，总共练习 1 分钟。

　　完成之后立即从第一个 20 秒开始重复训练，执靶者以一定的角度执靶。训练者击打手靶的力量不用很大，重点是流畅地完成卷腹。你要在 2 分钟的训练中逐渐找到自己的训练节奏，自然、放松地呼吸。

起始姿势

2 次卷腹之间快速打出 4 记直拳

2 次卷腹之间快速打出 4 记平钩拳

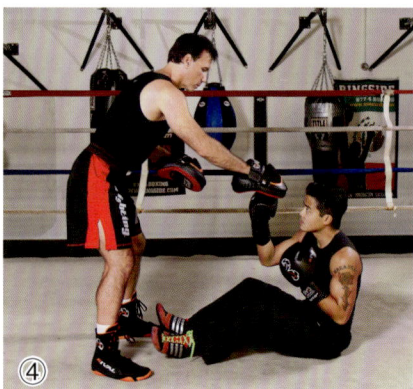

2 次卷腹之间快速打出 4 记上钩拳

第5章　跳绳

根据英国跳绳协会的研究，10分钟的快速跳绳能够带来相当于45分钟跑步达到的健身效果。

跳绳是最好的全身锻炼方法之一，几乎要动用全身所有的肌肉，是提高速度、协调性和灵敏性的有效手段。跳绳可以提高手、眼、脚的协调性，掌握节奏的能力和侧向移动的能力等。跳绳需要下肢完成弹跳，需要腹肌维持身体稳定，需要手臂和肩膀控制绳子。

其他项目（如网球、足球、橄榄球和冰球等）的运动员都意识到了跳绳带来的训练效果。跳绳不仅能提高心血管耐力，还能显著提高运动表现水平。跳绳是一种方便开展的训练方式，在室内或室外的任何地方都可以进行。坚持跳绳，你可以很快掌握基本的跳跃方法，然后进行各种各样的组合训练。

跳绳训练不仅是高水平拳击手（如塞尔吉奥·马丁内兹、曼尼·帕奎奥、蒂莫西·布拉德利、弗洛伊德·梅威瑟、丹尼·加西亚等）进行腿部训练的关键环节，也是他们进行全身训练的关键环节。

选择跳绳

跳绳既实用又便于携带。市面上有各种各样的跳绳，如塑料绳、竹节绳、尼龙绳、皮革绳、加重绳。

塑料绳和竹节绳可以调整长度，训练者可以根据自己的需要进行定制。优质的塑料绳和皮革绳甩动的速度较快，可操作性强。尼龙绳太轻，很难产生所需的弧线摆动。加重绳通常会产生沉重、缓慢、令人不舒服的旋转，给手腕、前臂和肩膀带来更多的压力。

　　跳跃的目的是促进心血管的健康，提高动作的流畅性和敏捷性。太重或太轻的绳子都无法达到这个目的，还会使你在训练中无法专注于正确的跳跃技术。所以，你要选择一根弧度合适且不会对手臂和手腕造成额外压力的绳子。另外，选择一根有手柄的绳子，这样既方便你摇绳，也方便你舒服地握住它。

　　使用长度合适的绳子能够让你跳得更加轻松。确定适合你的绳子长度的方法：用两只手握住绳子的手柄，一只脚踩在绳子的中间，把绳子拉紧后，绳子的手柄应该与胸部齐平。

跳绳集锦

学习跳绳

　　即使是身体状况非常好的运动员，跳绳对其而言也可能是一种极具挑战的训练。有一些人找到协调一致的节奏很容易，而有一些人很难。每个人都有各自的学习速度，只要有了正确的态度和动机，都可以在几节课内学会跳绳，所以一定要坚持下去。

　　拳击采用的训练模式是尽力跳 3 分钟、休息 1 分钟。你在进行跳绳训练时也可以遵循同样的模式，即跳 3 分钟、休息 1 分钟，这是一个持续跳 10~15 分钟的好方法。

　　下面是跳绳训练的基本技巧：

- 双脚并排站立，与臀部同宽，膝关节微微弯曲。
- 双手握住手柄（不要握得太紧），肘部向身体两侧稍微弯曲。
- 颈部和肩膀保持放松，头部保持在中立位。
- 绳子落在脚后。
- 手腕开始向前摇绳。肩膀和手臂保持放松，尽量减少肩部的运动。
- 连续而流畅地摇绳。
- 双脚向上跳。
- 对于基本的跳绳动作而言，双脚只需跳离地面 6~10 厘米。
- 通过前脚掌落地来吸收冲击力。
- 躯干保持直立，不要向前或向后倾斜。
- 为了减轻脚和腿的压力，尽量在木质地板上跳绳。

· 动作一定要正确。

绳子的两个手柄应与胸部齐平

前脚掌着地

跳空绳

跳空绳是一种摆动绳子但不跳过它的训练方法，主要是练习步法。这个训练方法能最大限度地减少被绳绊住的问题。如果想要提高掌握节奏的能力，可以在尝试更高难度的步法或练习新的步法时加入掌握节奏能力的专门训练。

跳空绳的方法是：一只手握住绳子的两个手柄，在身体一侧向前甩动绳子，确保绳子在身体的一侧转动，而不要在身体前面转动。肩膀、手臂和手腕保持正确的姿势。用手腕摇绳，动作与实际跳绳相同。这个时候可以尝试新的跳跃方式或步法，专注于步法和时机，不用担心脚会被绳子绊住。然后将绳子换到另一只手，增加一些变化。

跳空绳移动也是所谓的休息动作，如果你没有足够的心血管耐力来不停地完成跳跃，跳空绳则可以让你在跳跃中有短暂的休息时间。你可以用一只手握着绳子，放在身体一侧，双脚原地踏步或慢跑，保持双脚移动。在你熟练掌握跳绳技术之后，就可以在训练中逐渐减少跳空绳的练习。

跳空绳

跳绳训练方法

下面介绍基础、中级和高级的跳绳训练。如果坚持训练，你掌握节奏的能力和耐力就会得到明显提高。要坚持进行基础跳绳训练，并在此基础上尝试加入一些新的动作。

基础跳绳训练

基础双脚跳绳

基础双脚跳绳是最常见的跳绳训练，也被称为"弹跳"或"单摇"，是更复杂的跳跃和步法的基础。摇绳的时候跳向空中，双脚保持并拢，每摇绳子 1 圈就跳 1 次。基础双脚跳绳的技术很容易掌握。

双脚开立，与肩同宽，把绳子放在脚后面，肩部和颈部放松，面向前方，双脚发力跳离地面。将绳子向上甩动，使其越过头部，经过身体前方，从脚下穿过。落地时用脚掌着地，膝关节稍微弯曲以吸收着地时的冲击力。手臂保持在身体两侧，用手腕摇绳。两个手柄离地面的高度应相同。为了保证跳跃充分而有效，跳起的高度为 2~4 厘米。如果要改变跳跃的强度，就加快摇绳的速度。

基础双脚跳绳

拳击手跳绳

拳击手跳绳是每跳 1 次，重心就从一只脚略微转移到另一只脚上的跳绳方法。重心的转移是很微妙的，因为两只脚仍与地面接触。你可以做单脚 1 次跳跃（右脚，左脚）或单脚 2 次跳跃（2 次右脚，2 次左脚）。这是基础双脚跳跃的进阶训练，难度相对大一些。肩部和颈部放松。记住只需跳离地面几厘米。

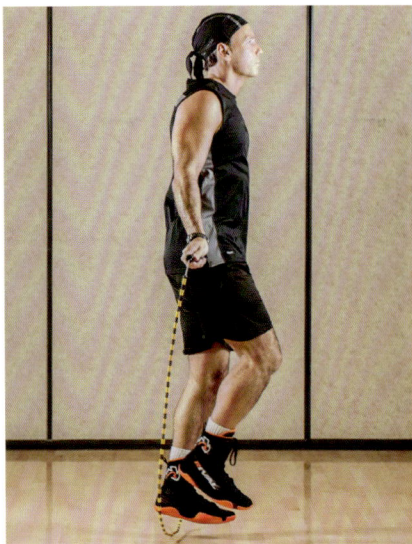

拳击手跳绳的侧面

拳击手跳绳的重心转移

双脚前后跳绳

开始双脚前后跳绳之前做几次基础双脚跳绳以调整节奏。双脚前后跳绳时，双脚并拢，先向前跳，然后向后跳。开始训练时，向前跳的距离约10厘米。随着训练水平的提高，可以用更大的力量跳离地面，增加向前跳跃的距离。始终要保持跳绳的自然弧度。

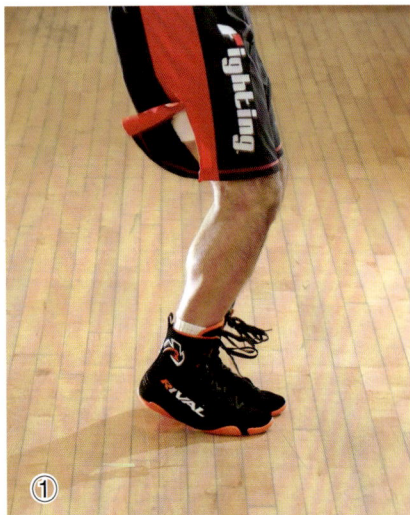

① 双脚前后跳绳，双脚并拢

② 双脚着地

踢腿跳绳

从拳击手跳绳开始，右脚稍微向后抬起，然后向前做一个小幅度的踢腿。踢腿后，用右脚着地。然后左脚稍微向后抬起，向前踢，用左脚着地。交替踢腿，可以通过向前和向后移动来增加难度。

向后抬脚　　　　　　　　　　　　　　　向前踢腿

中级跳绳训练

滑雪跳绳

滑雪跳绳也要求双脚并拢，和基础双脚跳绳一样。摇绳后，先向右跳，再向左跳，就是从一边跳到另一边，大约跳 30 厘米的距离。由于身体是从一边移动到另一边，脚偏离中心位置，绳子很容易与脚缠在一起，所以有必要对绳子进行微调。在左右跳跃时，你的手臂会有向外伸展的趋势，所以肘部要保持在身体两侧。试着完成 4 次滑雪跳绳，然后回到基础跳绳。当你熟练掌握滑雪跳绳的技术之后，可以增加滑雪跳绳的次数。

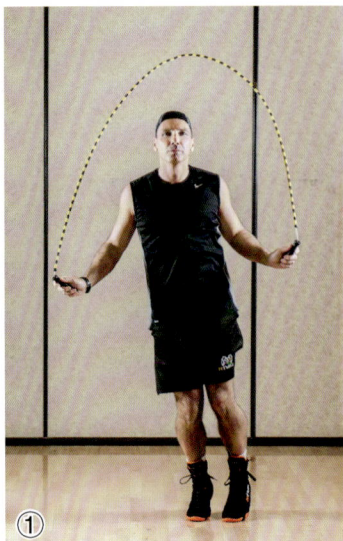

向左跳

向右跳

高抬腿跳绳

高抬腿跳绳类似于原地跑步，只是要交替抬高膝关节，双脚轻轻落在地面上，用脚、膝关节和腿来吸收冲击力。身体保持直立，手臂保持在正确的位置。这种跳跃可以提高腿部肌肉的力量。做 10~20 次高抬腿跳绳后做原地放松跳绳以恢复正常呼吸。如果想把高抬腿跳绳的动作加入常规训练中，可以在进行高抬腿跳绳的同时增加向前移动和向后移动的动作。

高抬腿跳绳的正面

高抬腿跳绳的侧面

阿里蝴蝶步跳绳

穆罕默德·阿里在他的职业生涯中以惊人的速度、敏捷性和快速的步法而闻名。阿里蝴蝶步是对阿里用来迷惑对手的步法的称呼。阿里在拳台上移动时会突然向前、向后快速交叉移动双脚，然后出其不意地出拳。练习阿里蝴蝶步跳绳可以使双脚保持轻盈，并为向各个方向移动做好准备。改变脚的姿势会对平衡能力带来挑战。

阿里蝴蝶步跳绳的动作方法：跳跃至空中时，一只脚稍微向前移动，另一只脚稍微向后移动，然后双脚同时着地；双脚再次蹬地离开地面，前脚换到后面，后脚换到前面；双脚着地。重复动作，快速移动，双脚轻轻落地。阿里蝴蝶步跳绳需要双脚快速地向前移动和向后移动，所以可以提高敏捷性和反应速度。

双脚前后交替　　　　　　　　　　　双脚轻轻着地

开合跳绳

开合跳是一种传统的健美操训练方法，可以加入跳绳训练中。第 1次跳跃着地时，双脚分开与肩同宽，然后再跳跃 1 次，双脚并拢落地。重复双脚分开落地、双脚并拢落地的动作。注意不要让双脚的间隔太大，否则绳子很可能与脚缠在一起。刚开始训练时，重复练习 6 次，然后逐渐增加到 20 次。

双脚并拢

双脚分开

剪式跳绳

剪式跳绳与开合跳绳有相似的节奏，但需要更多的时间和注意力。从基础双脚跳绳开始，起跳时双脚在空中完成交叉（右脚向前交叉），然后保持这个交叉姿势着地。再跳 1 次，双脚在空中张开，然后保持这个姿势着地。再次起跳时，左脚向前交叉，然后双脚保持这个交叉姿势着地。然后重复。你可能会发现剪式跳绳比开合跳绳更具挑战性，因为交叉的双脚会让你的身体失去平衡。如果你觉得这个跳跃有困难，则可以用一只手握住绳子的手柄一边在身体侧面摇绳（跳空绳），一边进行开合

双脚交叉

双脚张开

跳或步法移动的练习。

双脚再次交叉

高级跳绳训练

双摇跳绳

双摇跳绳的要求很高，需要更多的腿部力量和更快的跳绳速度。向上跳跃时必须跳得足够高，绳子在空中转 2 圈后双脚才能落地。摇绳的速度必须快，跳跃的高度必须大大高于基础跳跃。双摇跳绳能有效提高心脏功能和肌肉耐力。

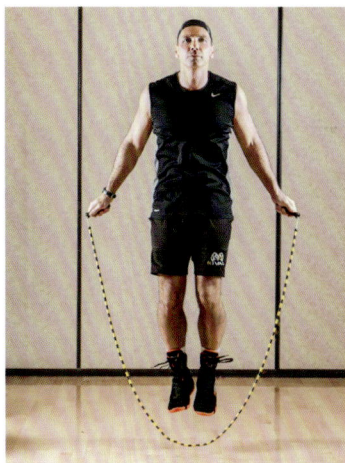

每次跳跃摇 2 次绳

可以先做几次基础双脚跳绳或拳击手跳绳来调整训练的节奏，然后做一个更高的跳跃，使绳子快转 2 圈。随着你掌握节奏的能力和体能水平的提高，可以减少双摇之间的基础双脚跳绳的次数。开始时尝试完成 6 次双摇，逐渐增加到 15 次。

前交叉跳绳

以舒适的速度跳跃。当绳子越过头顶并向前移动时，双臂在腰部位置交叉，然后跳过绳圈。当绳子再次从头顶越过时，张开双臂，跳过绳子。双臂交叉时，双手放在身体两侧，左手放在右髋部，右手放在左髋

前交叉跳时要跳得更高

双臂准备交叉

双臂交叉

双臂张开

部。绳子的手柄指向两边，而不是向下。

　　在做交叉手臂的动作时必须跳得比基础双脚跳绳更高一些。试着完成 3~4 个前交叉跳绳，中间穿插几个基础双脚跳绳或拳击手跳绳。然后，尝试连续完成 8~10 个前交叉跳绳。这种跳跃也被称为"交叉步"。

单脚跳绳

　　单脚跳绳是只用一只脚完成的基础跳绳。如果你已经掌握了基础双脚跳绳或拳击手跳绳，单脚跳绳对你来说就比较简单了。这个训练的挑战主要是对跳跃腿的脚、脚踝和小腿肌肉的要求比较高，以及身体要保持平衡。

单脚向前跳

单脚向后跳

单脚向一侧跳

单脚向另一侧跳

开始训练时一只脚原地跳几次，然后换另一只脚跳。一只脚跳的时候，另一只脚抬高，不要接触地面。为了增加训练的难度，可以增加向左、向右或向前、向后的移动。开始训练时不用重复太多次，每只脚跳8次即可。你在单脚跳跃时要注意不要使腿部关节和肌肉负荷过重。

抬腿侧交叉点地跳绳

在身前抬起左膝，左脚向右腿外侧交叉点地，再次提起左膝，回到原来的位置，重复这个动作8次之后换腿训练。将重复次数逐渐减少到只完成1次。稳定地摇绳，手臂置于身体两侧，颈部和肩部放松。始终保持直立的姿势，直视前方。

在身前提膝

交叉腿

脚点地

另一条腿重复训练

反向跳绳

从拳击手跳绳开始反向跳跃，向后摇绳，从脚的前面开始摇绳而不是从脚的后面。注意保持好手和手臂在身体两侧的正确位置，不要抬起或远离身体两侧。

向后摇绳

自由式跳绳

自由式跳绳让训练变得更有趣，因为你可以在跳跃中加入各种各样的动作。训练时可以选择不同的跳绳方法，但要做到这一点，首先要熟练掌握基础双脚跳绳。所以，你在尝试更复杂的跳绳方法之前应先练习基础双脚跳绳，然后用跳空绳练习新的组合。你可以将各种各样的动作和步法融入跳绳训练中。无论跳多久，你都要让跳绳充满乐趣和挑战。

自由跳时脚步要轻盈

尽可能多地采取混合步法

跳绳训练方案

在跳绳训练开始时先进行 2~3 分钟的热身，可以是空击训练，也可以是轻松的跳绳。

高强度跳绳训练

这是一种高级的间歇训练，能够锻炼肩部肌肉、核心肌肉、手臂肌肉和心血管系统。你要在较短的时间内尽可能快地跳跃。

训练 1：尽可能快地跳 30 秒，然后休息 30 秒。重复练习 10~15 组。完成 15 组的练习大约需要 15 分钟。在休息阶段，你可以走动放松，保持运动并做深呼吸。为了让这个训练更具挑战性，你可以尽可能快地跳跃 30 秒，并减少训练之间的休息时间。

训练 2：先进行 30 秒的高强度跳绳，然后以较低的强度跳 30 秒，重复练习 6~10 组。

选择任何一种让你感到舒服，并且你能以非常快的速度完成的跳绳方法。一旦你熟练掌握了简单的跳跃方法就可以尝试高抬腿跳绳或双摇跳绳 30 秒。如果你错过了一次跳跃或者绳子绊住了脚，立刻恢复训练即可，这样才能保持心率持续升高。

跳绳阶梯训练

这个间歇练习有助于提高你的耐力。第 1 组训练完成 400 次跳绳，保持相同的跳绳速度，休息 30~60 秒；第 2 组训练完成 350 次跳绳，休息 30~60 秒。第 3 组训练完成 300 次跳绳，中间休息 30~60 秒。依此类推，每组减少 50 次（见下表）。在休息期间保持走动，你在跳跃时，即使脚被绳子缠住也要继续跳。

跳绳阶梯训练安排

组次	跳绳 / 次	休息 / 秒
第 1 组	400	30~60
第 2 组	350	30~60
第 3 组	300	30~60
第 4 组	250	30~60
第 5 组	200	30~60
第 6 组	150	30~60
第 7 组	100	30~60
第 8 组	50	30~60

在 8 组训练中会跳绳 1800 次，如果每组休息 30 秒，则需要 14 分钟；如果每组休息 1 分钟，则需要 18 分钟。为了增加难度，可以缩短两组训练之间的休息时间，或者选择一个更多的起始跳绳次数。刚开始训练时，每组跳 300 次较为合适，每组减少 50 次，直到最后跳 50 次。

在第 10 章中，我们将展示如何将跳绳纳入一个完整的健身拳击训练计划中。

跳绳训练的要点

- 对于新手来说，绳子不断地绊住脚通常令人沮丧。此时可以先用恒定的摇绳速度来熟悉节奏。
- 通过练习基础双脚跳绳来掌握跳跃的节奏。
- 根据身高选择合适的绳子。
- 摇绳时，手臂保持在身体两侧。
- 在完成新的跳跃组合时结合移动进行动作转换。
- 你摇绳的速度、身高、体型、体能水平和训练经验都将影响你每分钟的跳绳次数。
- 刚开始训练时、跳绳速度为 110~130 次 / 分钟；达到中等水平时，跳绳速度为 130~150 次 / 分钟；达到高水平时，跳绳速度为 160~180 次 / 分钟。

第6章 跑步

跑步一直是拳击手提高体能水平非常关键的训练内容。拳击手一周的大部分训练时间通常都包括在早上以适中的速度进行长距离跑步，目的是提高耐力水平，从而保证能完成整场比赛，同时也是为了达到比赛规定的体重。跑步仍然是今天拳击手训练计划的一个重要部分，但训练方式发生了很大变化。

大多数教练和体能师都认为拳击运动主要是一种无氧运动，有70%~80%的动作是无氧运动，只有20%~30%的动作是有氧运动。有氧运动是指运动的肌肉在较长一段时间内很容易获得氧气。拳击中的有氧动作主要是移动、躲闪、发起攻击和呼吸。无氧运动是在缺乏氧气的情况下进行的运动。拳击比赛对肌肉和心血管系统在短时间内的功能要求很高，所以拳击手需要具备无氧运动能力，才能快速产生爆发力而打出密集的组合拳。

如今，拳击手们更注重按照拳击运动特定的需求来制订他们的跑步训练计划，他们不再进行全程利用有氧能力的慢跑，而是在比赛准备期选择高强度的间歇训练，在非比赛日选择较长距离的、中等速度的跑步训练（拳击手通常在比赛间隙用这种较为轻松的训练方法来保持身材）。

为了衡量自己的身体能承受的运动强度水平，无论是有氧运动还是无氧运动，了解氧气是如何输送到肌肉和你需要付出多少努力是很有必要的。

有很多方法可以用于衡量运动强度，如利用自觉疲劳程度量表（见第1章）、监测心率等。心率可以通过计算脉搏或佩戴心率监测器来确定。

监测心率

当身体开始运动时，心脏必须泵出更多的血液为运动中的肌肉提供足够的氧气。心脏变得更强壮后就能够泵出更多的血液，由此不需要用过快的跳动来为身体提供所需的氧气。体能水平得到提高，心脏状况得到改善，心率在训练时就会下降，心脏在 1 分钟内跳动的次数就会减少。

测量脉搏

测量脉搏是监测心率的一种方法，可以用来评定健康水平和训练的努力程度。脉搏很容易在两个部位找到：第一个是在脖子的一侧，气管旁边，把食指和中指放在颈动脉上可以测得脉搏；第二个在手腕下方，把食指和中指放在桡动脉上可以测得脉搏。为了不妨碍血液流动，要把手指轻轻地放在动脉上感觉脉搏。

测量颈动脉

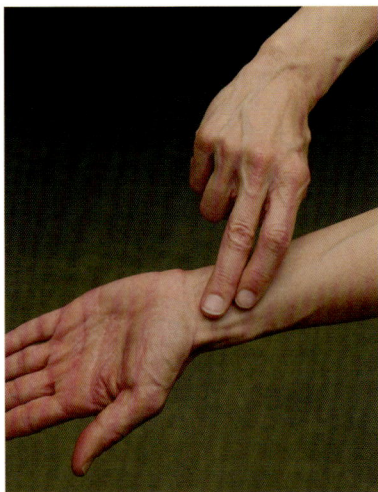

测量桡动脉

测量静息心率无须任何设备，只需安静地坐着或躺着，将手指放在颈动脉或桡动脉上找到脉搏，数 60 秒内跳动的次数即可。这就是心脏每分钟将血液泵到身体其他部位的次数，可以作为一个基本测量指标。随着体能水平的提高，你在 1 分钟内的心跳次数会减少，因为心脏会更高效地向身体提供所需的血液。在训练过程中测量心率应先放慢动作，再把手指放在颈动脉或桡动脉上，测 10 秒脉搏搏动的次数后乘以 6 或者测 3 秒脉搏搏动的次数后乘以 20 可得到训练心率。60 秒计数法在锻炼时并不常用，因为一旦慢下来或停止运动，心脏跳动就会迅速减慢。

心率监测器

监测心率的另一种方法是使用心率监测器。有很多类型的心率监测器可以在训练时提供实时数据。心率监测器最基础的功能是分别记录休息期间的心率和训练期间的心率。此外，许多心率监测器可以预先编写程序，以帮助训练者进行不同水平的训练。

心率监测器

心率监测器通常佩戴在胸部或手腕上。它监测到的信息会显示在仪表上，这便于训练者监测自己的训练强度。训练者有了心率监测器就不用停止训练或放慢速度以计算脉搏的跳动次数。然而，过多的运动和出汗可能会导致心率监测器的数据不准确。

心率监测器还包括其他一些功能：

· 监控你在期望的目标心率区间进行训练的时间。因为训练目的不同，理想的训练时间也有所不同。

· 记录心率恢复的时间，即监测心脏在训练间歇时恢复到正常静息心率所需的时间。也可以评估心血管的健康状况，比较心脏在不同阶段的训练中恢复到正常静息心率所需的时间。

· 监测速度和距离，即在特定的训练中测量跑步的速度和距离。

· 心率监测器中的信息可以输入计算机，以便统计分析和存储。

心率监测器是一个非常有用的工具，可以帮助你了解心脏在运动中的状态、心血管的健康状况。然而，它的设计没有考虑到其他可能影响训练强度的生理因素或心理因素。影响心率的因素有很多，比如压力水平、健康状况、环境温度（无论是炎热还是寒冷）、身体的自然节律等。注意跑步强度（感觉跑步的过程是困难还是容易），并将可感知的疲劳程度作为评定运动强度的手段。

训练心率

当训练强度增加时，心脏会做出反应。训练越努力，心脏就跳动得越快。为了提高健康水平和身体素质，需要提高心脏的功能，使其在一定的时间内保持较高的训练心率水平。计算训练心率的方法很多，我们最常用、最可靠的方法是用 220 减去年龄，这样能够计算出最大心率。你可以根据自己想要在训练中达到的运动强度水平，按最大心率的百分比进行计算。

举个例子，如果你是 30 岁，60 秒最大心率的计算方法是 220-30=190（次）。确定或预测训练强度只需要按照强度百分比乘以 190 就可以了。

不同的训练心率区间可以获得特定的训练结果。如果想在足够长的时间保持稳定的心率（耐力训练），就用 190 分别乘以 60% 和 70% 得到一个目标训练心率区间：114~133 次 / 分钟或 19~22 次 /10 秒。在颈动脉或桡动脉处测量脉搏，可以获得心脏在 60 秒或 10 秒内跳动的次数。一旦确定了目标训练心率区间，你就可以通过目标训练心率区间调整训练强度。

训练心率区间

耐力训练心率区间（60%~70%）

这个区间是以适当的速度练习，主要目标是提高心血管和肌肉的功能。心率在训练中会稍微加快，呼吸也会稍微急促，脂肪是主要的能量来源。该区间的训练强度相当于自我疲劳程度 4~5 级的强度。

有氧训练心率区间（70%~80%）

这个区间的训练强度提高了一个级别。呼吸频率会增加，说话变得困难，身体开始出汗。以这个较高的强度进行训练有助于改善心血管功能、提高肌肉力量和控制体重。这个训练强度的能量来源是脂肪和碳水化合物。该区间的训练强度相当于自觉疲劳程度 6~7 级的强度。

无氧训练心率区间（80%~90%）

这个区间的训练变得很艰难，呼吸变得吃力，说话变得更加困难，肌肉很快就会疲劳，这是进行间歇训练或速度训练要达到的水平。这个级别的训练可以提高肺活量，增强乳酸耐受性。该区间的训练强度相当于自觉疲劳程度 8~9 级的强度。

最大摄氧量训练心率区间（90%~100%）

这个区间是极限训练区间。你只能在很短的时间内保持这种强度，很可能坚持不到 1 分钟，训练中无法说话。这个强度的训练能够提高速度和最大输出功率。该区间的训练强度相当于自觉疲劳程度 10 级的强度。

记住，依据你想要得到的结果和训练目标来安排训练强度。

心率恢复效率

心率恢复到休息时的水平所需的时间是反映一个人的体能水平的有效指标。随着你的体能水平的提高，心率会在锻炼后更快地恢复到静息心率。同样，你经过几周的训练，心脏会变得更强壮，可以用更少的力量向运动的肌肉供应更多的血液，心率也会降低。

跑步时的身体姿态

头部

跑步的姿势非常重要，正确的姿势有助于提高跑步的效率。跑步时要直视前方，不要低头看自己的脚，这将有助于你保持颈部和背部挺直，下巴处于中立位。

肩部

肩部在整个跑步过程中保持下垂和放松。人在感到疲倦时会不自觉地将肩膀向上抬起以靠近耳朵，在脚落地时还会向左或向右倾斜。放松的肩膀对于保持正确的跑步姿势也起着重要作用。

手臂

在跑步过程中，随着腿的摆动，手臂前和向后摆动。肘部大部分时间都保持 90°。如果你感觉手臂、手和颈部区域变得紧张，可以将手臂垂直放在身体两侧抖动一下。拳头松开，手放松，手指微屈。

躯干

躯干保持直立，核心肌肉绷紧。这种姿势有助于你保持最佳的呼吸节奏和合理的步幅。

髋部

髋部是保持良好跑步姿势的关键。当躯干和背部挺直时，髋部就能保持合理的力学对线。髋部保持在中立位，避免向前或向后过度倾斜。

膝关节

膝关节的姿势决定了步幅。经验丰富的跑者在跑步时只稍稍抬起膝关节，以保证换腿的速度更快、步幅更短。这就能更高效地向前移动，也能减少体能的浪费。

而在短跑时，膝关节应抬得高一点，以使腿蹬地时能够产生更大的力量。膝关节要朝向正前方抬高，落地时落在髋关节的正下方。脚着地时，稍微弯曲膝关节以吸收一些冲击力。

脚

脚的正确姿势和蹬地有助于你跑得更舒适。用前脚蹬地，使脚与地面接触的时间尽量短，目的是快速实现重心转换。

颈部放松

肩部放松

快速换腿

跑步前的热身

开始跑步之前要热身。通过空击、前后左右移动和出拳来热身可以加快身体的血液流动。也可以通过快步走 5 分钟、摆动手臂、伸展肌肉来热身。活动前的拉伸详见第 8 章。

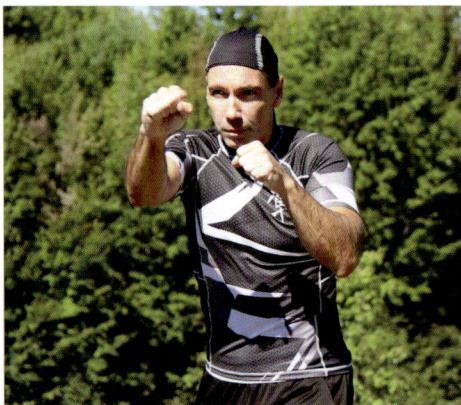

通过空击热身

跑步训练方法

跑步基础训练

如果你是跑步新手，安全的跑步方法是每跑一段时间就走一走，这样不仅可以锻炼耐力，而且能跑得更远、更快，还能降低关节和肌肉受伤的风险。从步行开始，再慢跑一段特定的时间或距离。初学者开始跑步训练时，应该在 2 次训练之间休息 24~48 小时以恢复身体。正是在这些不训练的休息日里，身体才能得到恢复，力量才能得到提高。

初学者可以根据个人的体能水平，先从步行（2~5 分钟）和慢跑（2~5 分钟）开始，间歇性地持续 12~15 分钟，等熟练之后，开始减少走路的时间，增加跑步的时间。训练强度保持在自觉疲劳程度 6~8 级的水平。呼吸会逐渐加快，身体开始出汗。在步行阶段，你可以通过快步走来使心率升高，这时的训练强度仍然是中等水平。最初的 3~4 周对于新手来说是最困难的，因为身体需要适应跑步对身体的新要求。你在跑步的过程中要注意身体的反应，监控跑步和步行的时间和强度，运动强度不要太大，否则会导致呼吸困难，从而给肌肉和关节施加很大的压力。

从步行开始

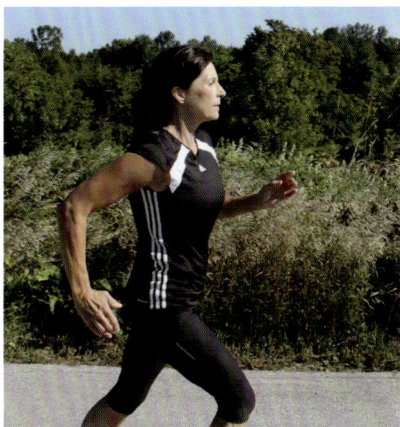

逐渐过渡到跑步

跑步基础训练的要点
· 直视前方，颈部和背部保持挺直，下巴保持在中立位。
· 随着腿的摆动，手臂在躯干两侧向前和向后摆动。
· 注意身体的反应，持续跑一段距离。
· 脚轻轻着地，膝关节和脚踝共同吸收冲击力。
· 身体挺直能够辅助呼吸。
· 如果肌肉在长跑中紧绷，就停下来拉伸一下。

　　如果你能轻松地跑 15~20 分钟，就可以开始增加跑步的距离和时间。每 2~3 周增加 1 次，训练的目标是连续跑或者慢跑 45~60 分钟，以自觉疲劳程度 6~7 级的强度跑。

　　记住，在长距离跑步后要拉伸肌肉和活动关节，特别是要拉伸髋部屈肌和小腿肌肉（详见第 8 章）。

为了完成拳击场上的对抗，拳击手需要通过训练来保持他们的力量和耐力，以保证在每个回合中发挥出间歇性、爆发性的力量。

每周的跑步计划要包括间歇跑、冲刺跑和有氧长跑。长跑训练有助于保持和提高心肺耐力，而较强的心肺耐利能使拳击手坚持打完一整场比赛。间歇跑训练的目的是为了在特定的时间或距离内保持较高的运动强度。冲刺跑训练的目的是为了让身体做好竭尽全力的准备。

间歇冲刺跑训练

为了提高跑步成绩，你需要在轻松跑、较困难、较快的间歇跑之间达到平衡。回到"超负荷理论"，额外的训练强度是提高体能的基本要求。间歇冲刺跑会增加训练强度，使你的体能水平得到提高。你可以将强度维持在自觉疲劳程度 6~7 级，然后在间歇冲刺跑中将强度提高到自觉疲劳程度 8~9 级，坚持跑一定的距离或时间。

从热身运动开始（慢跑 1000 米），然后进行间歇训练，以自觉疲劳程度 8~9 级的强度跑 2 分钟或 400 米，然后将强度降低到 6~7 级，持续 1 分钟。重复 6 组这样的高强度间歇跑，中间慢跑 1 分钟。最后以放松的 1200 米慢跑结束训练。

有氧长跑

间歇冲刺跑

相同距离的冲刺跑

间歇冲刺跑训练的一种基本形式是重复相同的冲刺跑距离。如果在田径场的跑道上进行冲刺，就很容易确定冲刺距离。先慢跑 400 米以激活肌肉和心血管系统，然后以自觉疲劳程度 10 级的强度冲刺一段距离（如 200 米），一直保持这种强度，然后慢跑或步行回到起点。利用慢跑或步行回到起点的时间来进行身体恢复。在冲刺的时候，注意做深呼吸，吸气到腹部，摆动手臂，抬高膝关节。重复 6 组相同距离的冲刺跑，然后慢跑放松。

限时冲刺跑

限时冲刺跑要求以自觉疲劳程度 10 级的强度跑 30 秒，但前提是一定要以 6~10 分钟的慢跑作为热身，再逐步提高到最大速度进行冲刺跑，随后在 1 分钟内通过走或慢跑进行身体恢复，然后再进行一次 30 秒的冲刺跑。总共进行 6 组 30 秒的冲刺跑，中间休息 1 分钟。通过记录在 30 秒内所跑的距离来评价前后跑动速度是否一致。最后以 6~10 分钟的放松跑结束。

间歇登山跑

登山跑步是一种挑战整个身体机能状态的好方法，是不会对关节造成过度冲击的高强度训练。坡面增加了跑步的难度。如果你想在户外跑步，可以在跑步线路中安排一条山路。

在上坡冲刺时，身体微微向前倾斜，挺胸。上坡跑的时候，步幅会变短，膝关节需要抬得更高，手臂和腿的动作保持一致。试着全力跑上山，然后慢跑或走下山以放松身体，此时可以利用自身的体重，步幅可增大，要将注意力集中在正确的跑步技术上。热身时先跑 8~10 分钟，然后以自觉疲劳程度 9~10 级的强度冲刺上山，持续 30~60 秒，步行或慢跑下山以恢复体力。重复 6~8 组。

间歇冲刺跑训练可以每周进行 2~3 次，但不能连续训练，因为训练的强度很大，身体需要充分的时间来恢复。也不建议在进行沙袋或手靶训练的过程中进行间歇冲刺跑训练。

这种高强度训练的另一个好处是身体可消耗更多的热量，燃烧更多的脂肪。如果你的训练目标之一是减肥，就可以在训练中加入冲刺跑。

间歇登山跑

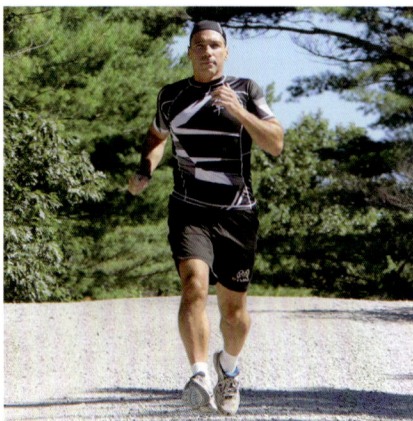

下山时迈开脚步

间歇冲刺跑训练的要点
·以中等的速度开始，逐渐增加到最大速度。
·身体如果感到疼痛，就减慢速度。
·在进行冲刺之前一定要充分激活肌肉、活动关节，提升心率。

在跑步机上跑步

如果你由于天气或场地的原因不能在户外跑步，那么在跑步机上跑步是一个很好的选择，只要跟着脚下的电动皮带走或跑就可以了。新款的跑步机提供了充分的减震功能，还提供了各种各样的训练计划，并能存储个人训练方案。

将脚放在跑步机皮带的两侧，慢慢踏上移动的皮带。跑步中不要抓住扶手，除非你是新手。你应该在跑步机上摆动手臂，就像在户外跑步一样。如果你有任何平衡问题，则可以通过轻触扶手来稳定自己。保持直立的身体姿势，直视前方。

在跑步机上跑步燃烧的脂肪和在室外跑步差不多。然而，在倾斜的跑步机上跑步和在山路上跑步是有区别的：在山路上跑步比在倾斜的跑步机上跑步消耗的热量更多。

在跑步机上跑步可以替代有氧运动

跑步机可以设定间歇训练

跑步时的着装选择

鞋

选择一双鞋跟能提供良好的支撑、鞋底中间有弹性并能对身体有足够缓冲作用的跑鞋。你可以去一家店员具备专业知识且训练有素、信誉良好的运动用品商店，试穿适合个人跑步特点的跑鞋。

在炎热天气跑步的服装选择

在炎热的天气跑步时，最理想的选择是穿浅色的、由透气织物制成的宽松衣服。戴太阳镜或遮阳板来保护眼睛免受阳光的伤害，并且在暴露的皮肤上涂抹防晒霜。避免在一天中最热的时候训练，最好是在早上或者在太阳落山之后跑步，远离阳光直射。在炎热的天气跑步要降低训练强度，因为心率可能会因为高温而加快。在跑步之前、跑步过程中和跑步结束之后都要及时补水，以保持身体有充足的水分。

在寒冷天气跑步的服装选择

在寒冷天气跑步时要多穿一些衣服。穿透气的防风夹克和裤子，以免出汗弄湿衣服。为了防止热量通过头部散失，可以戴上帽子。可以戴上手套来保暖。如果阳光明媚，记得涂上防晒霜，戴上太阳镜来保护自己免受地面积雪眩光的刺激。如果气温下降到10℃以下，或者是极端大风或寒冷的天气，则避免在室外训练。如果地面很滑，就缩短步幅。

包含跑步训练的训练计划将改善你的心血管健康状况，详细内容见第10章的健身拳击训练计划。

冬天在湿滑的地面上跑步时要缩小步幅

第7章　药球训练

拳击的起源可以追溯到古希腊和古罗马，那时的比赛没有像今天的拳击涉及到复杂的物理科学。药球训练有着悠久的历史，大约在 3000 年前，古希腊医生希波克拉底（Hippocrates）让他的病人把装满沙子的袋子扔来扔去，以增强肌肉组织来预防受伤和康复身体。伊朗摔跤运动员使用药球训练来增强力量和耐力，从而为比赛做好准备。药球训练经过了几个世纪的发展，至今还为运动员所使用。

拳击手常使用药球来锻炼腹部肌肉。一种传统的练习是通过向拳击手的腹部投掷一个药球来模拟一记朝向躯干的出拳。人们认为这种练习可以锻炼出更强壮的腹部肌肉以抵消对手对身体的打击力量。值得庆幸的是，现在有很多更有效的练习，不再需要把球扔向练习者的腰腹部。

药球训练可以有效地锻炼核心肌肉、上半身肌肉和下半身肌肉。你可以举起、推、压、扔或抛药球，以提高反应能力、警觉性和敏捷性。与只做抗阻练习相比，药球训练允许关节有更大范围的运动，让更多的肌肉参与运动。药球是力量训练中最常用的工具之一。

药球训练概述

球

传统的药球表层是用皮革制成的，现在的药球用橡胶、乙烯基覆盖的尼龙和氯丁橡胶等材料做外皮，球内填充的材料有沙子、钢砂和凝胶等，质量为 1~14 千克。你可以选择适合你体能水平的药球质量。当你把球放在地板上进行训练时，体积更大的球会提供一个更稳定的支撑。

现在的药球

药球训练时的注意事项

进行药球训练时，核心肌肉绷紧，参与运动的肌肉保持协调，双手紧紧抓住球。所有的动作都应该是平稳和可控的。

当按压或推开药球时用力呼气，把球放回起始位置或在练习的放松阶段吸气。

训练分为基础训练、中级训练和高级训练。你可以选择适合自己体能水平的强度进行训练。

上肢训练

站姿药球转体（基础、中级）

药球训练集锦

目标区域：三角肌、腹斜肌、腹直肌、背阔肌、斜方肌。

动作方法：将药球置于身体前方，与肩平齐，双臂完全伸展。身体向一侧旋转，尽量伸展手臂，然后向另一侧旋转，这是1次重复。肩部肌肉在这个训练中会先疲劳，所以你要选择一个较轻的药球。为了增加训练强度，可以增加身体旋转的幅度，重心落在对侧脚的脚掌上。

训练量和训练强度建议：持3千克重的药球重复8~12次，练习1~3组。

①
站姿药球转体的准备姿势

②
身体朝一侧旋转

③
身体朝另一侧旋转

交错俯卧撑（高级）

目标区域：胸大肌、前锯肌、肱三头肌。

动作方法：一只手放在球上，另一只手放在地面上，呈俯卧撑的姿势。球不稳定的表面使俯卧撑非常具有挑战性。在做俯卧撑的时候，用肩膀和肩袖的肌肉稳定住躯干，动作要慢且可控，身体向上撑起时呼气，身体下降时吸气。

在开始做这个训练时，可以把双膝放在地面上做跪姿俯卧撑以减轻肩膀的压力。选择体积稍大的药球可以获得更稳定的支撑。

训练量和训练强度建议：先用一只手扶球做俯卧撑，再把球换到另一只手上重复。重复 10~12 次，练习 2 组。

身体向上撑起　　　　　　　　　　　　　身体下降

拳击手俯卧撑（高级）

目标区域：胸大肌、前锯肌、肱三头肌。

动作方法：这种进阶的俯卧撑需要更多的力量，需要核心肌肉、手臂和肩膀的控制来保持身体平衡。双手放在药球上，身体处于俯卧撑的姿势。身体保持紧绷，腹部收紧，双脚并拢。身体下降时，肘部指向后方，吸气；然后撑起身体，呼气。

重复训练，如果你的核心部位很难保持持续收紧，则可以先做跪姿俯卧撑。选择体积稍大的药球可以获得更稳定的支撑。

训练量和训练强度建议：重复 8~12 次，练习 2~3 组。

拳击手俯卧撑准备姿势　　　　　　　　　身体下降时要保持平衡

核心力量训练

药球卷腹（基础）

目标区域：腹肌。

动作方法：双手握紧药球，贴近胸部。双脚保持在地面上，眼睛向上看。上身、头部和肩胛骨整体抬起，暂停，然后慢慢回到地面上。

训练量和训练强度建议：持 3 千克重的药球重复 10~20 次，练习 1~3 组。

① 药球卷腹的准备姿势

② 平稳地抬起头和肩膀

头上拉起药球（基础）

目标区域：腹直肌、三角肌前束、阔筋膜张肌、股直肌。

动作方法：平躺在地面上，双臂举过头顶，膝关节弯曲，双脚放在地面上，双手握紧球。坐起时双臂向前伸直，再慢慢地躺回到地面上，头、肩膀和球同时降低。

训练量和训练强度建议：持 3 千克重的药球重复 10~15 次，练习 1~3 组。

① 将手臂伸过头顶

② 坐起，把球放在腿边

坐姿屈膝卷腹（基础）

目标区域：腹直肌、腹外斜肌、阔筋膜张肌、股直肌。

动作方法：坐在地面上，将药球放在两腿之间。身体保持直立，双臂放在身后的地面上支撑身体。两腿紧紧地夹住球，将膝关节和球拉向胸部，再将膝关节和脚往地面方向放低，重复训练。

训练量和训练强度建议：用 3 千克重的药球重复 10~15 次，练习 1~3 组。

① 双腿夹紧药球

② 将膝关节和球拉向胸部

卷腹转体（中级）

目标区域：腹直肌、腹外斜肌、胸小肌、三角肌前束和中束。

动作方法：平躺在地面上，将药球放在左肩旁。球落在地面上。坐起来的时候，把球拉过身体伸到右侧。眼睛始终盯着球。保证动作平稳。回到起始位置，将球放回左肩旁边。重复练习几次后换另一侧重复练习同样的次数。

训练量和训练强度建议：持 3 千克重的药球重复 10~15 次，练习 1~2 组。

把球抱紧靠近肩膀

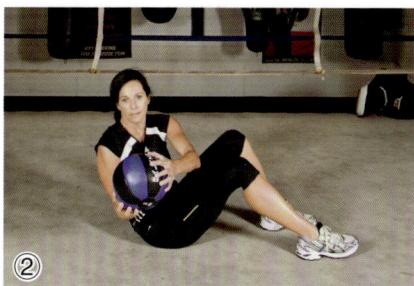

坐起时将球拉过身体伸向另一侧

"V" 字两头起（高级）

目标区域：腹直肌、阔筋膜张肌、股直肌、股四头肌。

动作方法：这个具有挑战性的动作要求上半身、手臂和药球以及双腿同时抬起。开始时，身体平躺在地面上，双腿伸直，手臂举过头顶，双手握紧药球。然后上半身和双腿抬起呈 "V" 字形，使药球和脚接触。稍微停顿后，药球、手臂、身体和腿同时回到地面上。在整个动作过程中，双腿并拢，手臂伸直靠近头部。

单腿 "V" 字两头起：更简单的选择是单腿 "V" 字两头起。将一条腿放在地面上，抬起另一条腿的同时抬起身体和手臂。将球触碰到抬高的脚上。单腿 "V" 字两头起更容易，因为下背部肌肉承受的压力更小。

训练量和训练强度建议：持 3~4 千克重的药球重复 10~15 次，练习 2~3 组。

"V"字两头起的准备姿势

身体和双腿抬起呈"V"字形

单腿"V"字两头起

收腿两头起（高级）

目标区域：腹直肌、阔筋膜张肌、股直肌、股四头肌。

动作方法：平躺在地面上，双腿伸直。双手将药球举过头顶，稍离地面。在抬起身体的同时，举起手臂和球，并将双膝拉向胸部。把球放到膝关节以上，好像要抱住膝关节似的。再慢慢回到起始位置。伸展双腿的同时降低身体和手臂的高度，双腿保持离地几厘米的高度。

单腿收腿两头起：如果你做收双腿的动作很困难，那么一次收起一条腿，让另一条腿在地面上休息。交替双腿重复训练。

训练量和训练强度建议：持 3~4 千克重的药球重复 10~15 次，练习2~3 组。

收腿两头起的准备姿势

以平稳的动作抬起手臂和腿

药球坐姿收腿（中级）

目标区域：腹直肌、腹外斜肌、阔筋膜张肌、股直肌。

动作方法：坐在地面上，将药球保持在胸部高度。双腿屈膝靠近胸部，再慢慢地伸展，在地面上方保持住。当腿伸直时，身体稍微向后躺。暂停后重复动作。

为了使这个练习变得简单，可以不使用药球。身体向后躺，双手放在身后的地面上，指尖向前，肘部微微弯曲。

训练量和训练强度建议：用 3~5 千克重的药球重复 15 次，练习 2~3 组。

药球坐姿收腿的准备姿势

腿向前伸直

药球平板支撑（高级）

目标区域：腹直肌、腹外斜肌、前锯肌。

动作方法：双手放在药球上，呈俯卧撑姿势，腹部肌肉收紧。药球平板支撑比普通的平板支撑更难，因为药球提供了一个非常不稳定的支撑。与用肘部和前臂支撑身体相比，使用药球支撑时，更多的腹部肌肉会被激活以保持身体平衡。

训练量和训练强度建议：试着坚持 30 秒，然后增加到 60 秒。重复 2~3 次。

注意：可以选择做普通的平板支撑。肘部弯曲 90°，身体重量放在前臂上。身体保持平直，肩部在肘部的正上方。

药球平板支撑

坐姿药球转体蹬自行车（中级）

目标区域：腹直肌、腹斜肌、股直肌。

动作方法：坐在地面上，将药球紧紧抱在胸前。当上半身旋转时，以循环交替运动的方式移动双腿。上半身向左旋转，左膝移向胸部去触碰右肘，同时右腿向前伸直。上半身向右旋转，右膝向胸部移动去触碰左肘，同时左腿向前伸直。药球向左和向右各移动 1 次记为 1 次完整训练。确保动作是缓慢、可控且连续完成的。

训练量和训练强度建议：用 3 千克重的药球重复 20~30 次，练习 2~3 组。

① 向一侧转体

② 双腿交替运动

下肢训练

快速深蹲跳（高级）

目标区域：臀大肌、臀中肌、股四头肌、比目鱼肌、腓肠肌、跖肌。

动作方法：站立，双脚分开与肩同宽，双手握住药球保持在胸前。后背挺直，肩部放松，面向前方。下蹲，身体重心集中在脚上，稍稍偏向脚跟。下蹲的时候略微停顿，然后快速蹬离地面向上跳起，伸直双腿。落地时，脚掌先着地，然后回到下蹲的姿势。

训练量和训练强度建议：持 3~5 千克重的药球重复 10~15 次，练习 1~2 组。

① 下蹲

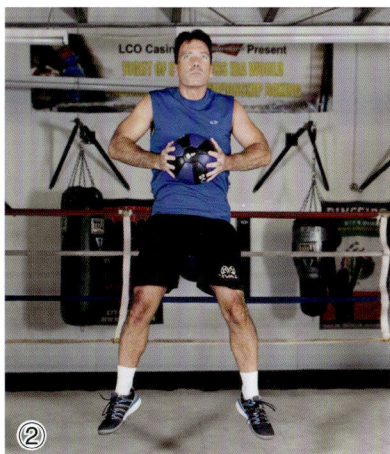

② 快速跳起

180° 转身跳（高级）

目标区域：臀大肌、臀中肌、股四头肌、比目鱼肌、腓肠肌、跖肌。

动作方法：这个爆发力很强的动作从半蹲开始，双脚张开比肩稍宽。双手握住药球，与胸部同高，眼睛直视前方，双肩放松下垂，身体重心放在双脚之间。利用双腿的力量跳跃，然后转身 180°，落地时下蹲，面朝相反的方向。双脚轻轻着地，膝关节弯曲以吸收冲击力。改变跳转的方向，先右转再左转。

训练量和训练强度建议：持 3 千克重的药球重复 12~15 次，20~40 秒，练习 2~3 组。

从半蹲姿势开始

跳起来

180° 转身跳，以半蹲的姿势落地

弓箭步蹲跳（中级）

目标区域：臀大肌、股四头肌、股二头肌。

动作方法：双手握紧药球，与胸同高；双脚并排站立，与肩同宽。左脚向前迈出一步，脚跟先着地。将身体重心放在前腿上，膝关节弯曲 90°。后腿膝关节弯曲，后侧大腿与前侧大腿垂直，核心肌肉收紧，可起到稳定重心的作用。前脚蹬地发力向上跳起，再稳稳地回到起始位置。然后另一条腿重复动作。

训练量和训练强度建议：持 4~7 千克重的药球，每条腿重复 10~20次，练习 2~3 组。

重心落在前腿上

全身训练

卷腹起立（高级）

目标区域：臀大肌、股四头肌、股二头肌、腹直肌、三角肌前束、阔筋膜张肌、股直肌。

动作方法：这个具有挑战性的动作可以锻炼所有的主要肌肉群。以仰卧开始，双臂举过头顶，双手紧握一个药球，膝关节靠近胸部。先向后滚动以形成向前的动力，再向前摆动手臂和球，向前卷起身体成蹲姿，随后起立站直完成这个动作。返回时做顺序相反的动作，慢慢蹲下，然后坐到刚才的位置，再回到仰卧姿势，双手持球在头顶上方伸展。

训练量和训练强度建议：持 3~4 千克重的药球重复 10~12 次，练习2~3 组。

① 向后滚动以形成向前的动力　② 向前卷起身体，双脚着地

站直

药球波比跳（高级）

目标区域：臀大肌、股四头肌、股二头肌、腹直肌、竖脊肌、胸大肌、前锯肌、肱三头肌。

动作方法：将药球放在地面上。蹲下，双手放在药球上，身体前倾，身体重心放在球上。双腿向后伸展，躯干伸直绷紧，双手支撑在球上；回到蹲姿后向上跳起；落地后回到起始姿势。重复练习。

训练量和训练强度建议：选择体积稍大的药球（能够获得更稳定的支撑）重复12~15次，练习2~3组。

身体重心放在药球上

双腿向后伸直

③ 双腿收回

④ 向上跳起

伐木者（中级）

目标区域：臀大肌、股四头肌、股二头肌、腹直肌、竖脊肌、腹外斜肌、背阔肌、三角肌、肱二头肌。

动作方法：双脚分开稍宽于肩，双臂伸展，双手握紧药球并举过头顶。身体向前弯曲，模仿伐木的动作，即将球向下甩向两腿之间，然后迅速将球拉回起始位置。重复练习。

训练量和训练强度建议：持 3~4 千克重的药球重复 10~12 次，练习 2~3 组。

① 双手握紧药球举过头顶

② 向两腿之间甩动药球

登山者（中级）

目标区域：臀大肌、股四头肌、股二头肌、腹直肌、竖脊肌。

动作方法：将药球放在地面上，俯卧，双手扶在药球上。前后交替移动双脚做跑步的动作。

训练量和训练强度建议：选择体积稍大的药球（能够获得更稳定的支撑）重复 12~15 次，持续 20~40 秒，练习 2~3 组。

① 双手扶在药球上

② 双腿交替移动

根据你想要训练的身体部位选择相关的练习。练习时要稳定地控制身体。药球训练能够提高肌肉力量和耐力，是第 10 章将要介绍的健身拳击训练计划的一部分。

药球训练的要点
· 握紧药球。
· 如果感到关节部位疼痛，就减轻药球的质量。
· 想要获得更稳定的支撑，可以使用体积较大的药球。
· 用力按压或推药球离开身体时呼气。
· 把药球放回起始位置时吸气。

第8章 拉伸

随着正常的衰老过程，身体的柔韧性会逐渐下降，肌肉长度会逐渐缩短，身体姿势和力量平衡会受到不利影响，这最终会导致肢体和关节的活动减少，肢体的全方位活动受到限制。如果肌肉和关节失去了延展性，就会更容易发生肌肉酸痛、撕裂。有规律的拉伸能使肌肉组织保持最好的状态和弹性，使关节达到最大的运动范围。你的所有训练加入拉伸训练才是完整且有效的训练计划。

拉伸的重要性

提高运动表现

良好的柔韧性对日常生活至关重要，而在运动方面，它对运动成绩的提高尤为重要。最佳的肌肉长度和关节灵活性保证了肌肉有更好的协调性和控制能力，从而能准确地完成动作。当松弛的肌肉的总长度增加时，肌肉的力量和弹性也会增强。

减少损伤

拉伸可以增加流向肌肉的血液，促进血液循环。肌肉和肌腱的状态越好，就越能适应激烈运动对身体的要求。灵活的关节可以完成各种各样的运动。柔韧性强的肌肉可以承受任何来自高强度训练的巨大压力。僵硬而不灵活的肌肉则有撕裂的风险。

有弹性的肌肉能提高运动成绩

减轻肌肉酸痛

拉伸可以增加肌肉组织的血流量，为肌肉提供必需的营养，并有助于减轻肌肉酸痛。肌肉组织在锻炼中积累的乳酸通常会导致肌肉酸痛和疲劳。拉伸参与运动的肌肉可促进该区域的血液循环，有助于清除积累的乳酸。降低肌肉酸痛发生的概率，训练计划才能执行得更久。

拉伸的基础

拉伸一定的时间

认真完成计划的训练内容，并根据这些内容进行拉伸。尤其是那些紧绷的肌肉要花更多的时间来进行拉伸。人们通常不会主动拉伸肌肉或活动关节，除非其感到肌肉僵硬或疼痛。要平衡好肌肉的力量与伸展性之间的关系。由于特定的运动需求，不良的姿势或损伤可能导致肌肉力量不平衡。僵硬的肌肉要花足够的时间进行拉伸。身体两侧的肌肉都要拉伸，确保每侧肌肉的拉伸范围尽可能相同。

尽管在锻炼结束时做拉伸是最有益的，但有些人会由于训练后感到疲劳而放弃拉伸，长此以往就会导致肌肉的柔韧性变差，关节活动范围减小。因此，每次训练都要进行拉伸。拉伸应在放松的环境中进行，以便于你通过拉伸感知自己的肌肉组织。

训练前拉伸

训练前拉伸的主要目的是提高肌肉和关节区域的温度，不一定是使肌肉长度增加。在做拉伸之前，一定要通过加快心率来充分激活肌肉和活动关节。热身活动可以先通过走动、手臂绕环、提腿或者模仿稍后将要做的练习来提高肌肉和关节区域的温度，大约 5 分钟，然后拉伸肌肉以减轻肌肉的紧张感。每个拉伸动作保持 5~15 秒。

训练后拉伸

训练后拉伸的目的是拉伸训练过的肌肉，恢复肌肉的长度。每个拉伸动作保持 30~60 秒，直到感觉肌肉有轻微的紧张感时停下来，然后试着进一步伸展。动作始终要柔和、缓慢。如果感到疼痛，说明拉伸的幅度太大或动作太快。拉伸要在没有任何疼痛的情况下放松地进行。

把注意力集中在你想要拉长的肌肉上，不要在相关的关节上施加任何压力。不要做快速的弹振式拉伸或过分用力拉伸，因为这会导致肌纤维轻微撕裂，引起疼痛，产生疤痕组织。拉伸时一定要配合呼吸进行，不要憋气。准备拉伸时吸气，开始做拉伸动作时呼气。

要对所有训练中涉及的肌肉进行拉伸，而且要花足够的时间专门拉伸训练过的肌肉和感觉紧绷的肌肉。

上半身拉伸

拉伸集锦

颈部拉伸

目标区域：肩胛提肌、上斜方肌。

动作方法：坐着或站着，头部向右弯曲，将右手轻轻放在头的左侧，轻轻向下拉头，保持这个动作 30 秒。放松后将头部向左侧弯曲，重复做这个拉伸动作。

头部向右侧弯曲

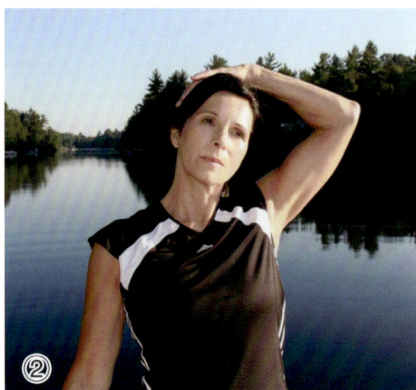

头部向左侧弯曲

上背部和肩部拉伸

　　目标区域：斜方肌、菱形肌、小圆肌、大圆肌、冈下肌、后三角肌。

　　动作方法：右臂伸展，横跨过胸部以拉伸上背部。肩膀保持放松，左手握住右肘部。深呼吸，呼气时轻轻地将手臂向身体方向按压，保持30秒，然后放松。

　　随后弯曲右臂的肘部，吸气，然后呼气，将右臂压向左肩。肩膀可以微微前倾。这拉伸了肩后部的后三角肌。保持这个动作30秒，然后放松。每只手臂拉伸2次。

右臂伸直

弯曲右臂的肘部，用左手向后按压

背阔肌拉伸

目标区域：背阔肌、三角肌后束、冈下肌。

动作方法：站立，双手抓住一个固定物，高度约在腰部。吸气，然后呼气，让手臂完全伸展，拉伸背阔肌和三角肌后束。试着将重心向一侧稍微转移，以进一步拉伸背部。拉伸30秒，自然呼吸。

向后坐的时候呼气

胸部和肩部拉伸

目标区域：胸大肌、胸小肌、三角肌前束。

动作方法：站直，头向前，颈部和肩部放松。手臂向后伸展，十指交叉握在一起。吸气，将肩胛骨拉向身后，手臂微微向上抬起，保持这个动作30秒。呼气，慢慢放下手臂。

颈部和肩部放松

头上三头肌拉伸

目标区域：三头肌、三角肌、肩袖肌群。

动作方法：这个练习可以同时拉伸三头肌、三角肌和肩袖肌群。双臂保持在头顶的位置。头朝前，保持中立位。右臂向后弯曲，肘部向上。右手的手掌放在肩胛骨之间。左手放在右肘上，吸气。呼气时，用左臂轻轻向下压右肘，使右臂向下移动，保持这个动作30秒，然后放松。左臂重复上述动作。

头上三头肌拉伸的正面　　　　　　　头上三头肌拉伸的背面

胸肌和肱二头肌拉伸

目标区域：胸大肌、胸小肌、肱二头肌、肩袖肌群、三角肌。

动作方法：站在墙边，将弯曲的左臂靠在墙上，肘部与肩部同高。吸气，然后慢慢呼气时使身体远离墙壁。如果想要拉伸上胸肌，则手臂要放在更靠近墙稍低一些的位置；如果想要拉伸下胸肌，则手臂要放在靠近墙稍高一些的位置。保持30~60秒，然后放松。右臂重复上述动作。

胸肌和肱二头肌拉伸

跪姿前臂拉伸

目标区域：肱桡肌、掌长肌、桡侧腕屈肌。

动作方法：跪姿，双臂伸直撑地，手掌压向地面，手指分开。右手向后旋转，保持手指张开，手掌压向地面，手臂在肩关节处沿一个方向慢慢旋转约 10 秒，然后改变方向。正常呼吸。放松，左臂重复上述动作。

替代方式：这个拉伸可以在站着或坐着的时候进行，即做站立式前臂拉伸。用左手抓住右手的手掌，向后轻轻拉，保持这个动作 30 秒，然后放松。左臂重复这个动作。

① 手臂伸直撑地

② 手掌向后旋转

站立式前臂拉伸

核心侧拉伸

目标区域：腹直肌、腹外斜肌、背阔肌。

动作方法：双脚分开站立，与肩同宽，髋部与地面平行，腹部肌肉绷紧，膝关节微微弯曲。吸气，将右臂伸过头顶，呼气时将手臂拉伸成弧形，身体向左侧弯曲，感受从指尖到髋关节的拉伸。正常呼吸，保持这个动作 30~60 秒。吸气，然后呼气，回到开始的姿势。换另一边重复这个动作。

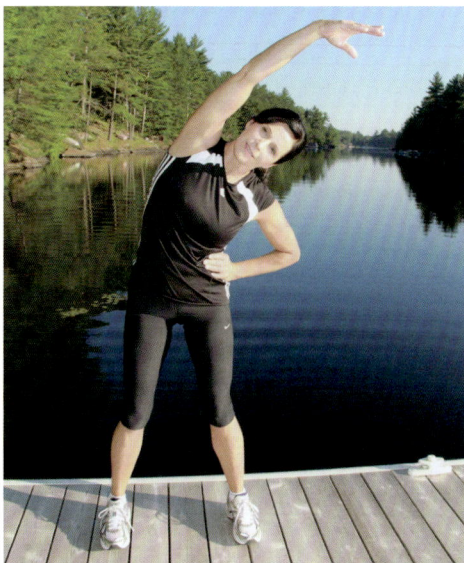

轻轻向一侧拉伸

下半身拉伸

仰卧臀肌拉伸

目标区域：竖脊肌、臀肌。

动作方法：采用仰卧姿势，膝关节弯曲，双脚着地。吸气，然后呼气的同时，双膝向胸部靠拢，双手抱紧膝窝，保持这个动作30秒。慢慢松开双腿，将双脚放回地面。

这个练习可以变化为双膝向胸部内侧靠拢，吸气，然后呼气的同时将左腿放在地上，保持这个动作30秒。右腿重复上述动作。

如果要减轻下背部的压力，就只需将一条腿的膝关节拉向胸部，另一只脚放在地上即可。

双膝向胸部靠拢

一条腿的膝关节靠近胸部，另一条腿向前伸直

一只脚放在地面上

仰卧梨状肌拉伸

目标区域：梨状肌、臀肌、阔筋膜张肌。

动作方法：开始姿势为仰卧，双膝弯曲，左脚着地。将右脚脚踝放在弯曲的左腿膝关节上。抬起左腿使左脚离开地面，双手抱住左大腿的后侧，吸气。呼气时把左腿拉向胸部，正常呼吸，坚持30秒。放松后换另一条腿重复上述动作。

把左腿拉向胸部

跪姿髋屈肌拉伸

目标区域：髋关节屈肌、股四头肌、腹股沟。

动作方法：将左膝放在地面上，右脚放在前面的地面上，右脚在右腿膝关节的正下方，髋关节弯曲90°。头朝前，保持正面中立位，双手放在髋部，背部挺直。吸气，呼气时向前轻压髋关节，动作保持30秒。放松后换另一边重复上述动作。

向前轻压髋关节

站姿股四头肌拉伸

目标区域：股四头肌、股直肌。

动作方法：背部和躯干直立，双腿并拢，将左脚向后、向上抬起。用左手抓住左脚踝，吸气，呼气，将脚拉向臀部，保持这个姿势 30 秒。轻轻松开后换右脚重复上述动作。

向后抬起一只脚

髂胫束拉伸

目标区域：髂胫束、阔筋膜张肌。

动作方法：髂胫束是一条很厚的结缔组织带，从臀部开始沿着大腿外侧延伸到膝关节。髂胫束不灵活或者柔韧性下降时，膝关节可能会被拉出中立位，导致髋关节发炎。拉伸时，站立，左脚交叉放在右脚外侧，膝关节保持放松。吸气，腰部弯曲，呼气，身体靠近地面。如果想增加拉伸的幅度，可将重心放在右腿上，保持这个姿势30秒。轻轻松开后换腿重复上述动作。

呼气时手向前触地

仰卧腘绳肌拉伸

目标区域：腘绳肌、竖脊肌、臀肌。

动作方法：仰卧，双膝弯曲。抬起右腿，双手握住小腿。吸气，然后呼气的同时伸直腿，慢慢地将腿拉向身体，直到腘绳肌感到轻微的紧张，保持这个姿势30秒。轻轻松开后换腿。如果想加大拉伸的幅度，则先保持双腿在地面上伸直，然后抬起右腿，用手拉向身体，保持这个姿势 30 秒，再换另一条腿重复上述动作。

缓慢地将腿拉向身体

双腿伸直以增大拉伸的幅度

站姿腓肠肌、跟腱拉伸

目标区域：腓肠肌、跟腱。

动作方法：左腿在前，右腿在后站立。吸气，左腿向前弯曲；呼气，保持右腿伸直，脚后跟着地。在这个动作中，右小腿中部的肌肉会有紧张感。要拉伸小腿下部，可以微微弯曲左膝，将身体重心移回脚跟，这样就能够拉伸腓肠肌下部和右腿的跟腱部位。

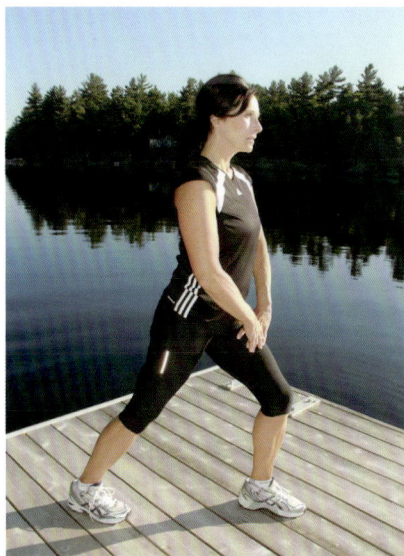

脚跟着地

跪姿比目鱼肌、跟腱拉伸

目标区域：比目鱼肌、跟腱。

动作方法：开始时，右膝着地，左脚放在右膝旁边的地面上。将手放在膝关节稍前的地面上，以保持身体平衡。试着让左脚脚跟尽可能靠近右膝，吸气。呼气时，左脚跟着地，将身体重心微微向前移到手上，保持这个姿势30秒。轻轻松开后换腿重复上述动作。

脚跟靠近另一侧膝关节

拉伸方案

拉伸是一个完整训练计划中的重要组成部分，建议每次训练后都进行拉伸。有两种拉伸方案：一种是相对简单的8分钟拉伸方案，另一种是15分钟拉伸方案。每次训练后花一些时间按照下面的顺序完成拉伸。

8分钟方案（9项）

（1）上背部和肩部拉伸

（2）背阔肌拉伸

（3）胸部和肱二头肌拉伸

（4）跪姿前臂拉伸

（5）仰卧梨状肌拉伸

（6）跪姿髋屈肌拉伸

（7）站姿股四头肌拉伸

（8）仰卧腘绳肌拉伸

（9）站姿腓肠肌、跟腱拉伸

15分钟方案（16项）

（1）颈部拉伸

（2）上背部和肩部拉伸

（3）背阔肌拉伸

（4）胸部和肩部拉伸

（5）头上肱三头肌拉伸

（6）胸部和肱二头肌拉伸

（7）跪姿前臂拉伸

（8）核心侧拉伸

（9）仰卧臀肌拉伸

（10）仰卧梨状肌拉伸

（11）跪姿髋屈肌拉伸

（12）站姿股四头肌拉伸

（13）髂胫束拉伸

（14）仰卧腘绳肌拉伸

（15）站姿腓肠肌、跟腱拉伸

（16）跪姿比目鱼肌、跟腱拉伸

拉伸的要点

- 拉伸时不要快速地拉长肌肉，否则肌肉、肌腱和韧带会因为压力而损伤。
- 静态拉伸是最安全、最有效的拉伸方法，当肌肉拉伸至超过自然长度时保持30秒以上。
- 不要过度拉伸肌肉。一旦感到肌肉紧张就立刻放松，应拉伸到自己没有感到不适的程度。

如果你经常进行拉伸，柔韧性、肌肉长度和关节灵活性都会得到明显的改善。记住，不能在拉伸时有疼痛感。你在拉伸过程中若出现疼痛，首先要对不正确的动作进行纠正。如果关节、背部或颈部有任何不适，则需要在拉伸前咨询医生。

第**9**章 营养

拳击手的日常训练不仅非常艰苦，而且是一个漫长的过程，上午的训练内容是跑步，下午的训练内容是对练和沙袋训练。一名实力强大的拳击手要想战胜对手，就要坚持良好的饮食习惯，摄入富含高质量营养和能量的食物。无论你参加什么运动或训练，都需要补充能量才能在训练中获得最佳的效果。

健康的饮食不仅能够建立健康的生活方式，同时也为训练提供了所需的能量。我们的身体每天都在不断地构建和更新循环，每天都需要摄入碳水化合物、蛋白质和脂肪，为肌肉的修复、生长和产生能量提供营养。健康的饮食有助于减少身体脂肪，改善心血管健康状况，降低患心脏病、高血压和癌症的风险，并为日常活动提供能量。饮食所提供的能量能够维持身体以最佳的状态进行训练，获得最大的训练效果。一个人的运动表现和能量输出取决于营养摄入。

为了获得最大的锻炼效果，提高体能水平，每天的饮食需要包括碳水化合物、蛋白质和脂肪。碳水化合物是提供能量所必需的，蛋白质是修复和增加肌肉组织所必需的，脂肪是帮助身体吸收特定维生素和矿物质以及调节激素活动所必需的。

碳水化合物

碳水化合物可以提供宝贵的能量，让身体持续进行训练。由复合碳水化合物组成的食物消化吸收缓慢，可以持续供能。

简单的碳水化合物，如白糖、加工过的谷物、纯度不高的谷物、香蕉和葡萄干等，分解速度很快，会迅速释放能量，身体摄入后会迅速缓解疲劳。当碳水化合物转化为血糖时，胰岛素将血糖输送到肝脏和肌肉组织，并以糖原的形式储存起来。储存的糖原能够提供持续运动大约2个小时的能量，多余的糖会转化为脂肪储存起来。

　　碳水化合物应占每日食物摄入量的40%。多选择复合碳水化合物，如苹果、葡萄、葡萄柚、豆类、坚果、种子、全谷物、面条和面包等。

摄入食物为训练提供能量

蛋白质

　　高强度训练会分解肌纤维，会让你在训练后感到肌肉酸痛。蛋白质在饮食中十分必要，因为它有助于修复撕裂的肌纤维，使新的肌纤维生长出来，产生激素、抗体和各种重要的酶，还能促进脂肪的代谢。摄入足够的蛋白质能够减少训练后的肌肉酸痛，但肌纤维的大部分修复和生长只有在身体休息时才会发生。

　　好的蛋白质来源有鸡胸肉、蛋清、金枪鱼、豆腐和蛋白奶昔等。蛋白质应占每日食物摄入量的30%。

脂肪

　　在饮食中需要包含特定的膳食脂肪。必需的不饱和脂肪被称为脂肪酸。ω-3 脂肪酸和 ω-6 脂肪酸有助于调节身体的一些功能，如降低患心脏病、中风和糖尿病的风险。好的脂肪来源有鲑鱼、金枪鱼、橄榄油和亚麻籽油等。饱和脂肪，如油炸食品，其摄入量要适度。

体内的脂肪组织对于维持生命也很重要。脂肪能够保护重要器官，储存能量，并有助于运输和吸收一些维生素。膳食脂肪应占每日食物摄入量的 30%。

微量元素

虽然以下 2 种营养物质不能给我们提供基本的能量，但它们在我们的日常饮食中是必需的。

维生素

维生素不能在体内合成，所以摄入各种食物有助于获得足够数量和不同类型的维生素，以保持健康。有维生素 A、维生素 B 等 13 种维生素是促进人体正常生长、调节身体基本功能、构建和维护骨骼、保护牙齿、改善皮肤和促进血液循环所必需的。

缺乏维生素会损害健康，但某些维生素过量也可能是有害的。

脂溶性维生素，如维生素 A、维生素 D、维生素 E 和维生素 K，储存在肝脏和脂肪组织中，大量摄入可能会引发中毒。水溶性维生素，如维生素 C、维生素 B 和维生素 H 并不储存在体内，需要每天补充。有时候医生会建议合理补充维生素，如已证实的维生素缺乏症是存在缺乏某种维生素的风险或吸收某种维生素的能力降低。均衡饮食是获取所需维生素最有效的方法。

矿物质

矿物质是我们的身体正常运行所必需的，有助于生长和发育，以帮助我们获得强壮的骨骼和牙齿、拥有健康的血液和头发、促进神经发育和提升肌肉功能等。所有的矿物质对健康都是必不可少的，可以通过摄入各种有营养的食物、饮用健康的饮料来获得。

钠、钾、钙和镁等矿物质被称为常量矿物质。身体每天对这些矿物质都有大量的需求。这些矿物质为生物电脉冲的产生奠定了基础，而电脉冲在神经和肌肉中传播，没有电脉冲，运动表现就会受到影响。身体所需数量较少且不太常见的矿物质被称为微量矿物质，包括锌、铜、铁、碘、硫和氯等。

水

为了生存并保持身体功能正常运转，在饮食中添加水分至关重要。水富含矿物质和电解质，会因为出汗和排尿而流失。人体的 50%~70%由水组成，大脑的 80% 由水组成。

水可以溶解营养物质而使其进入血液中，并将废物排出身体。水通过出汗来调节体温，它也是关节的润滑剂。水还有助于消化食物，产生能量，构建新组织，并在细胞之间发送电信号，使肌肉做出反应并产生运动。

细胞间液和细胞外液（如血浆、尿液、脑脊液和淋巴）之间的液体必须处于平衡状态。如果细胞内的水太少，细胞就会萎缩和死亡。过多的水分则会导致细胞破裂。人可以在没有食物的情况下生存 2~4 周，但在没有水的情况下只能生存几天。在训练前、训练中、训练后都要补充水分。不要等到口渴才喝水，因为此时身体已经开始脱水了。

卡路里 [①] 和热量

"卡路里"一词是用来表示为基本生存和活动而摄入、使用或消耗的热量单位。

我们应该知道自己摄入了多少卡路里，通过训练又消耗了多少卡路里。基础代谢率（BMR）是指人在休息时所消耗的热量，这些热量（或消耗的卡路里）维持着重要器官（如心脏、肺、肾脏、肝脏和肠道）的

① 1 卡（卡路里）=0.00419 千焦。

功能。我们在进行体育活动时也会消耗卡路里，运动越剧烈，消耗的卡路里就越多。

3 种基本营养物质每克所含的热量：蛋白质，4 卡路里；碳水化合物，4 卡路里；脂肪，9 卡路里。

为了保持热量平衡，摄入的热量应该与身体消耗的热量差不多。只有这样，体重才能保持稳定。如果热量过剩，即摄入的热量超过了身体所需的热量，这些额外的热量将变为脂肪储存起来，最终导致体重增加。如果你处于热量不足的状态，摄入的热量比身体保持稳定所需的热量少，你的体重就会下降。

身体所需的热量因年龄、性别和训练水平的不同而有所不同。随着年龄的增长或久坐的生活方式，人体所需要的卡路里会减少。体力活动越多，消耗的卡路里就越多。下面是不同年龄组男性和女性在日常活动中的卡路里摄入量建议。如果你的体力活动更多，则可以额外消耗200~400 卡路里。

热量摄入量建议（对于日常活动来说）

性别	年龄 / 岁	卡路里
男性	14~18	2200
	19~30	2400
	31~50	2200
	51+	2000
女性	14~18	1800
	19~30	2000
	31~50	1800
	51+	1600

认真选择你的热量摄入量

每个人的身体都是独一无二的，由不同比例的脂肪、肌肉和骨骼组成。女性的骨骼一般比男性小，体重也比男性轻，因此需要的热量比男性更少。

　　增加体力活动和高强度的训练需要摄入更多的热量，以保持理想的体重。应该注意的是，维持肌肉组织所需要的热量比维持脂肪组织更多。肌肉发达的人在做类似的活动时消耗的卡路里更多。这就是男性通常比女性摄入更多的卡路里而不增加体重的原因之一，由于雄性激素的影响而使男性拥有更发达的肌肉。举重训练可以提高肌肉的质量。

　　记录卡路里可以帮助你了解自己消耗了多少卡路里。你可以写饮食日记，记录正在吃的食物和喝的饮料的种类。各种食物所含的卡路里会给你提供一个基础数据，帮助你了解自己在饮食中是否摄入了正确的热量以保持你想要的体重。网上有很多卡路里计数器可以帮助你记录你的热量摄入量。

　　建议每周减重 0.5 千克。1 千克体重大约含有 7700 卡路里的热量。每天减少 500~1000 卡路里的热量摄入，或增加身体活动消耗 500~1000 卡路里的热量，可以在一周内减掉 0.5~1 千克的体重。

素食主义者和纯素食主义者的饮食

　　纯素食主义者不吃动物性蛋白质，则必须摄入足够的植物性蛋白质，其饮食要有足够量（60~90 克 / 天）的植物性蛋白质来源，以促进新的肌肉生长和肌肉组织修复。

　　那些饮食中没有肉类和奶制品的人面临的主要问题是饮食中缺乏维生素 B_{12}，因为维生素 B_{12} 只存在于动物性食品中。维生素 B_{12} 影响红血球的产生，而红血球是耐力训练中提供氧气所必不可少的物质。许多谷类食品和豆奶都含有维生素 B_{12}，可以作为纯素食主义者补充维生素 B_{12} 的来源。

　　此外，植物性食物中的铁比动物性蛋白质更难被人体组织吸收，但添加维生素 C 后就会更容易被吸收。所以，在摄入含铁的食物（如全谷物、豆类、豆豉、坚果和大豆）时，可以多吃橙子或其他柑橘类水果，这样可以给身体提供足够的铁。

　　纯素食主义者或素食主义者的饮食包含足够的碳水化合物和脂肪来为训练提供能量，加上良好的植物性蛋白质就可以实现饮食均衡。如果你担忧自己的营养状况，最好咨询医生或注册运动营养师。

　　纯素食主义者不吃任何动物制品，包括奶制品、鸡蛋和蜂蜜。素食主义者不吃肉、鱼、含有胶质的产品。奶素食主义者只吃奶制品，不吃鸡蛋。蛋素食主义者吃鸡蛋，但不吃奶制品，而蛋奶素食主义者既吃鸡蛋又吃奶制品。

什么时候吃

从早晨起床到上午 10 点这个时间段摄入总热量的 30%，在中午（上午 10 点到下午 3 点）摄入总热量的 40%，傍晚（下午 3 点到晚上 8 点）摄入总热量的 30%。

了解自己摄入了多少热量、燃烧了多少脂肪、训练量是多少很重要。运动员从各种食物中摄入适量的热量后就不需要额外补充维生素、矿物质了。如果你在一项需要特定体重的运动（如拳击）中限制热量的摄入，或者因乳糖等不耐受而不吃某些食物，可能会导致摄入的热量不足，这些情况下需要额外补充热量。

训练前的饮食

在训练前 2~3 小时摄入碳水化合物，摄入量为 300~500 卡路里。身体需要这些食物作为能量来源来完成训练。需要注意的是，要摄入适合自己消化系统的食物。

如果训练时间少于 1 小时，你就不需要在训练期间吃东西，只需要多喝水来确保身体中水分充足就可以了。如果你在训练前不能吃东西，可以在训练期间补充干果、能量凝胶或运动饮料。在长时间的训练中，你应每半小时摄入 50~100 卡路里的碳水化合物，以为身体提供足够的能量，获得良好的运动表现。

训练后的饮食

理想情况下，在训练后的 30~60 分钟可摄入一些碳水化合物和蛋白质来补充能量。碳水化合物能补充耗尽的肌糖原，蛋白质能修复受损的肌纤维。能量的补充对于在 6 小时内进行训练或再次投入比赛的运动员来说尤为重要。如果你在下次训练之前有一整天的时间来恢复身体，就不必急于在训练后立刻补充能量。

有些运动饮料、能量凝胶所含的碳水化合物和蛋白质的比例是 4 ：1。还有一个简单的选择是巧克力牛奶，它含有碳水化合物和蛋白质。纯素食主义者可以选择豆奶或杏仁奶。

营养要点
· 从一顿健康的早餐开始新的一天。
· 吃一顿营养丰富的午餐。
· 选择健康的零食。
· 晚餐少吃一点。
· 训练前 2~3 小时摄入碳水化合物。
· 训练后吃一些碳水化合物和蛋白质。
· 在日常饮食中加入一些必需脂肪酸。
· 每天喝 8~10 杯水来保持水分。

均衡饮食

如果没有均衡的饮食，身体就无法满足训练的要求。碳水化合物是提供能量所必需的，蛋白质是肌肉生长和修复所必需的，脂肪是提供必需营养和预防疾病所必需的。如果你遵循一个良好的饮食习惯，运动成绩就会提高，肌肉酸痛就会减少，身体就会变得更强壮、更健康。

在制订饮食计划之前，请咨询医生或营养专家。要警惕流行的食疗法，它们通常不能提供身体必需的营养和能量。

第10章　健身拳击训练计划

本章汇集了拳击训练的所有元素，并制订了各种各样可供你选择的训练计划。你可以根据自己当前的体能水平、过去的训练经验和训练目标，选择 3 个不同级别的训练计划。第一个级别是"基础训练计划"。这个级别对健身拳击新手来说是最合适的，它可以补充你现有的训练计划。第二个级别是"运动员训练计划"，这个级别提高了训练强度，添加了额外的训练元素，要求你像拳击手一样进行更多的训练，你的拳击技术水平也会得到提高。第三个级别是"冠军训练计划"，这是一个需要你全身心投入的过程，因为训练的复杂性和强度最大。

针对"运动员训练计划"和"冠军训练计划"两个级别，我们介绍了易于遵循的 12 周训练计划，这些训练计划包含前文中讲述过的训练内容，不仅能给其他运动带来交叉训练的好处，还能帮助你提升体能水平。

利用自觉疲劳程度量表（见第 1 章）来确保合适的训练强度。

基础训练计划（每周 3 天的训练计划）

基础训练计划是健身拳击入门训练的绝佳方案，它可以将健身拳击训练融入你当前正在进行的健身计划中。每周进行 3 天训练，每隔 1 天训练 1 次。这个阶段的训练包括沙袋训练、跳绳、空击训练、手靶训练和药球训练。所需的装备是拳击手套、一个沙袋和一根跳绳。

空击热身（3 分钟 × 1 回合）

空击既可以让肌肉得到锻炼，也能够让你在心理上做好沙袋训练和手靶训练的准备。你要在空击时保证技术动作正确，有足够的空间移动和出拳。如果训练场地有镜子，你可以对着镜子检查手是否举高、身体姿势是否符合实战姿势的要求、出拳是否干净利落。手在出拳后要快速收回以保持实战姿势，从而保护下巴。空击时要有脚、头和身体的动作，所有动作要平衡和流畅。

休息 1 分钟。休息的时候拉伸紧绷的肌肉（具体的练习见第 8 章），放松肩膀、髋部屈肌和腿。

空击训练（3 分钟×1 个回合）

在 3 分钟的空击训练中出拳要用力，不停地向前后左右移动，出拳和步法的变化都要流畅地过渡。要注意身体平衡，轻松地转移重心。先练习直拳，然后开始练习组合拳。专注于出拳的技术动作，直到它成为习惯。逐渐适应 3 分钟的训练，将训练强度控制在自我疲劳程度 5~6 级。（关于空击训练的更多细节见第 2 章）。

跳绳（3 分钟×3 个回合）

开始时用中等速度跳绳以练习基本步法。当你的训练经验变得丰富之后就可以加快速度或者使用更复杂的跳绳模式，如剪式跳绳、开合跳绳、高抬腿跳绳等（见第 5 章），以增加训练的强度。训练的目标是连续跳 3 分钟，休息 1 分钟，然后再重复 2 组，中间休息 1 分钟。利用 1 分钟的休息时间拉伸紧绷的小腿肌肉，降低呼吸频率。记住，如果你在连续跳跃或移动时有困难，可以用一只手握住跳绳，在身体一侧摇绳，身体始终保持中立位。跳绳的目的是提高心血管系统的功能，如果你想要使心率升高，试着以自我疲劳程度 7~9 级的强度进行跳绳。

沙袋训练（3 分钟×3 个回合）

击打沙袋 3 分钟，然后休息 1 分钟，重复 3 次。从实战姿势开始，一边围绕沙袋移动一边打出左刺拳。左刺拳是"测距仪"，大量地练习左刺拳，以寻找有效的击打距离，并保持良好的步法。持续移动并出拳，确保单个动作和组合拳练得轻松流畅，两次出拳之间不要有过长时间的停顿。

开始训练 1–2 组合拳（左刺拳接右直拳）。想象一个对手在你的前面，并不断移动。弯曲双腿以降低身体重心，为了模拟击打对手的躯干而击打沙袋的中间位置，随着沙袋的摆动而自然地移动。找到一个可以持续完成一整个回合的训练节奏。

在第 2 个回合和第 3 个回合中，开始练习 3 拳组合和 4 拳组合（见第 3 章）。在 1 分钟的休息时间内保持运动，绕着沙袋走动，稍微降低心率，为下一轮训练做好准备。以自我疲劳程度 7~9 级的强度进行训练。

手靶训练（3 分钟 × 2 个回合）

有搭档的训练：在进行手靶训练时，注意力集中在正确的技术动作和平衡稳定的移动上。与搭档轮流进行 3 分钟 1 个回合的训练，轮流出拳和接拳，执靶也是训练。从直拳开始，完成基本的组合拳。建立一个打出干脆有力的左刺拳的训练模式，在 2 次击打之间不断地移动。执靶者决定动作类型，设定训练强度，喊出组合拳的名称，并时刻盯着训练者。训练者必须仔细听执靶者的指令以完成出拳，然后撤离以准备好下一次进攻。当你适应了基本的击打和执靶训练之后就可以提高训练强度，增加拳法组合的数量（见第 4 章）。

无搭档的训练：在没有搭档的情况下可以进行沙袋阶梯训练。沙袋阶梯训练可以帮助你训练直拳技术、移动、上半身的耐力。尝试在 6 分钟内完成这个练习。

阶梯 1：打出 12 记左刺拳，随后每次减少 1 次出拳，直到只打出 1 记左刺拳为止。休息 1 分钟。

阶梯 2：打出 12 组 1-2 组合拳。随后每次减少 1 组 1-2 组合拳，直到只打出 1 组为止（见第 3 章）。

空击放松（3 分钟 × 1 个回合）

以 50%~60% 的强度打出组合拳。尽管没有尽全力出拳，但是依然要关注正确的技术动作，脚要不断地进行前后左右的移动。心率可以不用很高，调整呼吸，以自我疲劳程度 3~4 级的强度进行训练。

核心肌肉力量训练

选择 2~3 种药球训练来锻炼核心肌肉力量（见第 7 章）。

药球卷腹：持 3~5 千克重的药球重复 10~20 次，练习 2~3 组。

头上拉起药球：持 3~5 千克重的药球重复 10~15 次，练习 2~3 组。

坐姿屈膝卷腹：持 3~5 千克重的药球重复 10~15 次，练习 2~3 组。

卷腹转体：持 3~5 千克重的药球重复 10~15 次，练习 2~3 组。

拉伸

对所有训练过的主要肌肉群进行拉伸。每次拉伸坚持 30~60 秒（见第 8 章）。

基础训练计划总结（每周 3 天的训练方案）

空击热身（3 分钟×1 个回合）：用基本的拳法进行空击训练，关注正确的技术动作。

空击训练（3 分钟×1 个回合）：出拳和练习组合拳时增加更多的移动，提高出拳的力度（见第 2 章）。

跳绳（3 分钟×3 个回合）：跳绳 3 分钟，休息 1 分钟，重复 3 次（见第 5 章）。

沙袋训练（3 分钟×3 个回合）：击打沙袋 3 分钟，休息 1 分钟，重复 3 次。身体重心保持稳定，出拳动作流畅（见第 3 章）。

手靶训练（3 分钟×2 个回合）：有搭档的训练是两人交换进行击打和执靶训练（见第 4 章）；无搭档的训练则是沙袋阶梯训练（见第 6 章）。

空击放松（3 分钟×1 个回合）：以空击结束训练，降低出拳强度和心率。

力量训练：药球卷腹、头上拉起药球、坐姿屈膝卷腹、卷腹转体（见第 7 章）。

拉伸：对训练过的肌群和关节进行适度拉伸（见第 8 章）。

运动员训练计划（每周 5 天的训练计划）

运动员训练计划提高了训练强度，是一个 5 天的训练计划，需要你更认真地投入训练。每周进行 3 天拳击训练，包括沙袋训练、跳绳、空击训练、手靶训练、双头速度球训练和梨形速度球训练。在拳击训练日之间安排休息日。在休息日里进行跑步训练，用药球进行力量训练，跑步训练和力量训练可以补充拳击训练。运动员训练计划一般持续 12 周。

拳击训练日：第 1 天、第 3 天、第 5 天（如周一、周三、周五）。跑步和力量训练日：第 2 天、第 4 天（如周二、周四）。

空击热身（3 分钟×1 个回合）

训练开始时通过移动来提高体温，然后进行轻松的出拳。专注于出拳的技术动作，从直拳开始，然后是平钩拳和上钩拳。持续训练 3 分钟。休息 1 分钟。在休息时走动，拉伸紧张的肌肉，放松肩膀、髋部屈肌和腿（见第 8 章）。

空击训练（3 分钟 × 2 个回合）

空击训练要像在擂台上与对手搏斗一样，想象对手在自己面前移动、出拳，利用好一切可用的空间完成自己的技术动作。这时你已经完成了热身，可以增加出拳的力度，要有目的地出拳，不要盲目地出拳。双脚保持轻盈，用平稳的步法配合完成组合拳击打。在训练中加入侧闪技术，训练进攻的同时也训练防守。在最后一个回合可以增加一个哑铃（1~2千克），以 60% 的强度出拳（更多关于空击训练的信息见第 2 章），自我疲劳程度 6~7 级。

2 个回合之间休息 1 分钟，适度降低心率，保持移动，拉伸紧张的肌肉。

跳绳（连续跳绳 9~12 分钟）

连续跳绳 9~12 分钟，把低强度跳绳和高强度跳绳结合起来。前 2 分钟以中等速度跳，逐渐增加速度，变换跳绳的形式（如阿里蝴蝶兰跳绳、剪式跳绳、前交叉跳绳）和移动的方向（向前、向后、向左、向右），保持步法轻盈（见第 5 章）。以自我疲劳程度 7~9 级的强度完成训练。

跳绳选项：另一种选择是用跳绳阶梯训练代替连续跳绳。从一些简单的动作开始，如跳跃 400 次，休息 30~60 秒。然后逐级减少 50 次跳跃，如跳跃 350 次，休息；跳跃 300 次，休息；跳跃 250 次，休息……依此类推（见第 5 章）。

手靶训练（3 分钟 × 3 个回合）

如果你和搭档一起训练，那么与他轮流击打和执靶，训练 3 个回合，每个回合 3 分钟。训练者向手靶快速而准确地出拳，节奏要流畅，身体要平衡。执靶者要设定好训练节奏并让训练者的训练充满挑战。记住，手靶训练时团队合作是关键，可以在训练中融入侧闪和下潜等技术（见第 4 章）。

阶梯训练：以阶梯训练结束手靶训练，完成 1 组 1–2 组合拳之后迅速做 1 次俯卧撑。从打出 8 组 1–2 组合拳和做 8 个俯卧撑开始，总共完成 36 次出拳和 36 个俯卧撑，逐渐减少到 1 组组合（见第 4 章）。

如果没有搭档帮助执靶，你可以直接进行沙袋训练。

沙袋训练（3 分钟 × 4 个回合）

在"运动员训练计划"级别中，要完成更多样化的拳法组合、流畅的步法和平稳的移动。出拳时，想象一个对手在你的面前，击打沙袋的上部和中部。在训练中加入躲闪和假动作，双脚保持轻盈。在沙袋周围移动时双手始终保持防守姿势。在每个回合（3分钟）内都保持良好的出拳速度，利用回合之间的1分钟休息来进行身体恢复。在1分钟的休息时间里保持运动，不要完全停下来，以准备好下个回合的训练。以自我疲劳程度7~9级的强度进行训练。

随后继续完成3个回合的沙袋训练。如果你不想用不同的练习来结束沙袋训练，可以选择高强度沙袋训练。

高强度沙袋训练方法

在整个练习过程中，双臂与沙袋保持相等的距离，直视沙袋。以1-2、1-2的节奏尽可能快地连续击打沙袋。核心肌肉绷紧，重心落在脚掌上，膝关节放松，呼吸稳定。高强度训练25秒，休息25秒，然后再重复2次。在接下来的几周内逐渐将高强度训练时间增加到30秒，然后是35秒，休息时间与训练时间相同。休息时要走动，不要静止不动。在最后一次高强度训练时，以自我疲劳程度9~10级的强度完成训练。

在完成沙袋训练之后、双头速度球训练之前，先休息2分钟。

双头速度球训练（3分钟×1个回合）

如果你有双头速度球，可以训练1个回合，掌握出拳的时机和速度，以及左右躲闪（见第3章）。完成训练之后，在击打梨形速度球前休息1分钟。

梨形速度球训练（3分钟×2个回合）

梨形速度球训练有助于提高手眼的协调能力，提高上半身肌肉的耐力。你要时刻盯着梨形速度球并正确地击打，以使它平稳地摆动（见第3章）。每个回合之间休息1分钟。

空击放松（3分钟×1个回合）

放松地出拳，让心率和呼吸频率降低，自我疲劳程度约3~4级。

核心力量训练

选择2~3种药球训练来锻炼核心肌肉（见第7章）。

药球卷腹：持3~5千克重的药球重复训练100次。这个训练可以分成2组，每组50次，中间休息30秒。

药球坐姿收腿：持药球重复15次，练习2~3组。

"V"字两头起：持3~4千克重的药球重复10~15次，练习2~3组。

拉伸

花一些时间拉伸，每次拉伸保持 30~60 秒（见第 8 章）。

跑步

在体能水平和跑步能力允许时连续跑 30~45 分钟。先慢跑 1 000 米作为热身运动，然后以中等速度跑步，自我疲劳程度 6~7 级。如果你是一个有经验的跑者，可以不时地改变跑步的节奏。在指定的距离或时间内以较高的强度跑步，然后再回到中等速度（见第 6 章）。

全身力量训练

选择 6~9 种药球练习来锻炼全身、上半身、核心和下肢的肌肉（见第 7 章）。

全身肌肉

伐木者：持 3~4 千克重的药球重复 10~12 次，练习 2~3 组。

药球波比跳：重复 12~15 次。选择体积稍大的药球，以便获得更稳定的支撑，练习 2~3 组。

上半身肌肉

交错俯卧撑：重复 10~12 次。选择体积稍大的药球，以便获得更稳定的支撑，练习 2 组。

核心肌肉

卷腹转体：持 3~4 千克重的药球重复 10~15 次，练习 1~2 组。

"V" 字两头起：持 3~4 千克重的药球重复 10~15 次，练习 2~3 组。

药球坐姿收腿：持 3~5 千克重的药球重复 15 次，练习 3 组。

药球平板支撑：保持 30 秒，逐步增加到 60 秒，练习 2~3 组。

下肢肌肉

快速深蹲跳：持 3~5 千克重的药球重复 10~15 次，练习 1~2 组。

弓箭步蹲跳：持 4~7 千克重的药球，每条腿重复 10~20 次，练习 2~3 组。

拉伸

对训练过的所有主要肌群进行拉伸。每次拉伸坚持 30~60 秒（见第 8 章）。

运动员训练计划总结（每周 5 天的训练方案，坚持 12 周）

空击热身（3 分钟 × 1 个回合）：提高体温，从一些简单的拳法开始训练。

　　空击训练（3 分钟 × 2 个回合）：提高出拳的强度（见第 2 章）。

　　跳绳（9~12 分钟）：持续跳绳 9~12 分钟，加入一些步法练习（见第 5 章）。

　　手靶训练（3 分钟 × 3 个回合）：和搭档互相交换击打和执靶，训练中要完成大量的组合技术、侧闪技术和下潜技术（见第 4 章）。如果没有搭档，就直接进行沙袋训练。

　　沙袋训练（3 分钟 × 4 个回合）：完成大量的组合技术来提高训练难度，调整好训练节奏，持续完成 3 分钟的训练（见第 3 章）。

　　双头速度球训练（3 分钟 × 1 个回合）：双头速度球训练 1 个回合，把握出拳的时机和速度，以及侧闪移动（见第 3 章）。

　　梨形速度球训练（3 分钟 × 2 个回合）：梨形速度球训练要保持平稳且快速的节奏（见第 3 章）。

　　空击放松（3 分钟 × 1 个回合）：关注正确的技术动作，放松地出拳，降低心率。

　　核心力量训练（4~6 分钟）：药球卷腹、药球坐姿收腿、"V"字两头起（见第 7 章）。

　　跑步（30~45 分钟）：先放松慢跑 1000 米，再以中等速度持续跑 30~45 分钟，其中包括间歇冲刺跑（见第 6 章）。

　　全身力量训练（6~9 个动作）：伐木者、药球波比跳、交错俯卧撑、卷腹转体、"V"字两头起、药球坐姿收腿、药球平板支撑、快速深蹲跳、弓箭步蹲跳（见第 7 章）。

　　拉伸：花一些时间适当地拉伸所有训练到的肌肉（见第 8 章）。

冠军训练计划（每周 6 天的训练计划）

　　冠军训练计划是每周增加到 6 天的训练，为期 12 周。训练强度提高了，就需要你在训练中更投入。每周进行 3 次拳击训练，在交替的休息日进行跑步和力量训练。利用最后一天进行休息，使身体从 6 天的训练中恢复过来。

　　拳击训练包括沙袋训练、跳绳训练、空击训练、手靶训练、双头速度球训练、梨形速度球训练和药球训练，隔日训练，如周一、周三和周五。积极休息日训练的内容包括跑步训练和力量训练，隔日训练，如周二、周四和周六。

拳击训练

空击热身（3 分钟×1 个回合）

开始训练时，可以通过在各个方向的移动来提高体温，然后完成一些简单的拳法。从直拳开始，然后是平钩拳和上钩拳，集中注意力在出拳的技术动作上。持续训练 3 分钟。

空击训练（3 分钟×2 个回合）

热身结束后，出拳要提高力量和强度。面对假想对手完成各种移动和出拳，练习进攻技术和防守技术（见第 2 章）。

跳绳训练（持续 15~20 分钟）

在跳绳训练中，开始几分钟用中等速度跳，以活动关节和激活肌肉。通过增加各种步法和变换跳绳模式（如双摇跳绳、前交叉跳绳等）来提高难度。最后降低跳绳速度，用 2~3 分钟的时间放松，逐渐结束跳绳训练（见第 5 章）。

手靶训练（3 分钟×4 个回合）

手靶训练可以练习所有的健身拳击技术。这种动态训练能够提高出拳技术、防守技术、反应能力和平衡能力，并提高上半身肌肉的力量和耐力。在冠军训练计划中要以高强度练习各种组合拳。如果你能够熟练完成第 4 章介绍的组合技术，就可以尝试开发属于自己的击打组合。在创建自己的组合技术时，确保遵循技术动作的逻辑顺序，确保每一拳都为下一拳的动作做好准备。

高强度手靶训练：这个训练要求快速地完成直拳、平钩拳、上钩拳、侧闪、下潜等技术，以提高心血管系统的耐力。保持快速的击打节奏和正确的技术动作。从快速击打 20 秒开始，逐渐增加到快速击打 30~40 秒。重复下面 2 个组合的训练，然后与搭档交换训练。

组合 1：左直拳和右直拳，20 秒；左平钩拳和右平钩拳，20 秒；左上钩拳和右上钩拳，20 秒；侧闪，20 秒。

组合 2：左直拳和右直拳，20 秒；左平钩拳和右平钩拳，20 秒；左上钩拳和右上钩拳，20 秒；下潜，20 秒。

　　根据每个人的能力和技术水平来调整手靶训练是非常重要的。这个调整可以是改变训练的强度，也可以是出拳的顺序。

沙袋训练（3分钟×5个回合）

　　沙袋训练就像在拳击台上面对一个真正的对手一样，要不断地移动，同时打出组合拳，加入假动作、侧闪和下潜，想象自己欺骗对手以获得出拳机会（见第2章）。步法和出拳要配合沙袋的摆动。记住，真正的拳击比赛不会有长时间的静止，所以你要不断地出拳和移动，以模拟真实的对战情况。在1分钟的休息时间里走动放松，并计划下个回合的训练。以自我疲劳程度7~9级的强度进行训练。

　　在进行沙袋训练时，你可以在不同的回合模拟不同的拳击风格。例如，在第1个回合中模拟具有优秀步法和惊人拳速的拳击手的风格，如穆罕默德·阿里和舒格·雷·伦纳德，训练的难点是要不断地移动和改变方向，同时完成远距离出拳。在第2个回合中模拟近距离进攻风格的拳击手，如世界冠军根纳迪·戈洛夫金，他在比赛中会不断向前移动，打出强有力的平钩拳和上钩拳。进行不同风格的拳击训练，你就能最大限度地获得健身拳击的训练效果。

沙袋训练（3分钟×1个回合）

　　地狱30秒：在沙袋周围移动并完成一系列快速击打，持续30秒。然后正对沙袋出拳，并在原地做快速高抬腿，持续30秒。最后30秒，恢复实战姿势竭尽全力击打沙袋，就像试图击倒对手一样。连续完成2次，从而不停顿地完成3分钟1个回合的训练（见第3章）。以自我疲劳程度8~9级的强度进行训练。完成沙袋训练之后，在双头速度球训练前休息1~2分钟。

双头速度球训练（3分钟×2个回合）

　　在进行双头速度球训练时需要注意的是，无论是击打还是躲闪，身体都要稳定，以应对双头速度球的快速移动和反弹。注意击打的时机和节奏，不断移动并完成出拳（见第3章）。在2个回合之间休息1分钟，再进行梨形速度球训练。

梨形速度球训练（6~8分钟）

　　以高强度击打梨形速度球6~8分钟可以提高上半身肌肉的耐力。完成梨形速度球训练后休息1分钟，再开始空击放松。

空击放松（3 分钟 × 1 个回合）

放慢动作和呼吸频率以便放松，训练强度大约为自我疲劳程度 3~4 级。

核心力量之药球训练

选择 2 种药球练习来训练核心肌肉（见第 7 章）。

坐姿药球转体蹬自行车：持 3~5 千克的药球重复 30~40 次，练习 2 组。

收腿两头起：持 3~4 千克重的药球重复 10~15 次，练习 2~3 组。

核心力量之手靶训练（2 分钟）

手靶训练 + 卷腹训练：完成 2 组 30 秒的直拳、平钩拳和上钩拳。

如果你有搭档，可以做高强度手靶训练。如果没有搭档，则从第 7 章中选择另一个练习。

拉伸

花一些时间拉伸，每个拉伸动作保持 30~60 秒（见第 8 章）。

跑步和力量训练（隔日训练，如周二、周四和周六）

跑步

热身时，以中等速度慢跑 1000 米。然后加快速度跑 200 米或 400 米（或跑 1~2 分钟），自我疲劳程度 6~7 级。在下一个间歇时提高强度，以自我疲劳程度 8~9 级的强度跑 200 米或 400 米（或跑 1~2 分钟）。重复这个间歇训练 6 次。以放松慢跑 1000~2000 米结束。

在间歇跑中加入冲刺跑，每周 1 次。例如，以 400 米慢跑热身，然后冲刺跑 200 米，自我疲劳程度为 9~10 级，然后慢跑或步行约 200 米回到起点。重复冲刺跑 6 次。最后一次冲刺跑后用慢跑 800 米来放松。

全身力量训练

选择 8~12 个药球练习来训练全身、上半身、核心和下肢的肌肉（见第 7 章）。

全身肌肉

卷腹起立：持 3~4 千克重的药球重复 10~12 次，练习 2~3 组。

登山者：使用稍微大的药球重复 12~15 次或 20~40 秒，练习 2~3 组。

上半身肌肉

拳击手俯卧撑：使用稍微大的药球重复 8~12 次，练习 2~3 组。

站姿药球转体：持 3~5 千克重的药球重复 8~12 次，练习 1~3 组。

核心肌肉

头上拉起药球：持 3~5 千克重的药球重复 8~12 次，练习 2~3 组。

药球坐姿收腿：持 3~5 千克重的药球重复 15 次，练习 2~3 组。

卷腹转体：持 3~5 千克重的药球重复 10~15 次，练习 2 组。

收腿两头起：持 3~4 千克重的药球重复 10~15 次，练习 2~3 组。

坐姿屈膝卷腹：持 3~5 千克重的药球重复 10~15 次，练习 1~3 组。

下肢肌肉

180° 转身跳：持 3~4 千克重的药球重复 12~15 次或持续 20~40 秒，练习 1~2 组。

弓箭步蹲跳：持 4~7 千克重的药球，每侧腿重复 10~20 次，练习 2~3 组。

快速深蹲跳：持 3~5 千克的药球重复 10~15 次，练习 1~2 组。

拉伸

拉伸训练过的主要肌肉，保持拉伸 30~60 秒（见第 8 章）。

冠军训练计划总结（每周 6 天的训练计划，为期 12 周）

空击热身（3 分钟 × 1 个回合）：身体温度逐渐升高，做好训练准备。

空击训练（3 分钟 × 2 个回合）：确定训练节奏，移动，出拳，向假想对手进攻（见第 2 章）。

跳绳（持续 15~20 分钟）：通过加入移动和变换跳绳模式提高难度，最后 2~3 分钟逐渐降低速度结束训练（见第 5 章）。

手靶训练（3 分钟 × 4 个回合）：以较高强度完成组合拳（见第 4 章）。

沙袋训练（3 分钟 × 5 个回合）：持续不断地移动和出拳，完成假动作、侧闪和下潜等技术（见第 2 章）。

双头速度球训练（3 分钟 × 2 个回合）：出拳，侧闪（见第 3 章）。

梨形速度球训练（6~8 分钟）：快速击打梨形速度球 6~8 分钟。

空击放松（3 分钟 × 1 个回合）：放松出拳。

核心力量：坐姿药球转体蹬自行车、收腿两头起。

手靶训练 + 卷腹训练（见第 4 章）。手靶训练如果没有搭档，就从第 7 章中选择其他的训练方法。

跑步：以放松的速度慢跑 1000 米热身，再进行间歇跑（距离

200~400 米或计时 1~2 分钟）。跑步过程包括计时冲刺、距离冲刺。最后以放松慢跑结束（见第 6 章）。

力量训练：完成 8~12 种训练（见第 7 章）。如卷腹起立、登山者、拳击手俯卧撑、站姿药球转体、头上拉起药球、药球坐姿收腿、卷腹转体、收腿两头起、坐姿屈膝卷腹、180° 转身跳、弓箭步蹲跳、快速深蹲跳。

拉伸：对肌肉进行拉伸（见第 8 章）。

在健身房进行健身拳击训练

越来越多的健身房提供团体健身拳击课程，由已认证的私人教练指导。如果你正在寻找健身拳击课程，那么你可以找一个有基本拳击装备（如沙袋、双头速度球和梨形速度球）的场馆。并确保健身房有足够的跳绳空间，有同伴一起进行手靶训练，有镜子检查自己的出拳和移动。

你可以与有拳击健身协会认证的教练合作。在你决定参加培训之前，你应该去试听课程。教练应该拥有渊博的知识、平易近人，并能给出清晰、积极和直接的指导和反馈。一名优秀的教练能激发出你的潜能，给你提供一个有趣、安全、有效的健身指导，实现你所有的健身目标。

空击训练

跳绳训练

手靶训练

沙袋训练

双头速度球训练

梨形速度球训练

空击放松

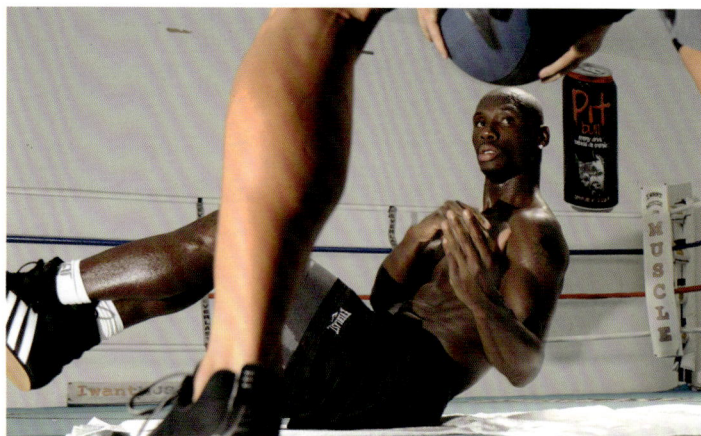

核心力量之药球训练

和搭档进行手靶训练

左利手的拳击手进行沙袋训练

训练者在训练中要有激情

后 记

　　本书的完成受到许多过去和现在的伟大拳击冠军和教练的启发。伟大的拳击手在训练和比赛中会表现出一种极高的热情和奉献精神，从而完善技术，获得卓越的身体素质。他们知道，生活中一切有意义的事情都源于努力训练和艰苦付出。

　　成功来自于每天都做正确的小事。我们的建议是坚持训练，努力提高，打牢基本功，每天都努力做到更好。我们希望本书中的信息能为读者提供长久的、愉快的、具有挑战性的和有效的训练。